지장보살 명호 사경

김현준 엮음

지장보살 잠깐동안 공경하고 예배하면
인간천인 할 것 없이 그 이익이 한량없고
지장보살 위신력에 지심으로 귀의하면
수명 늘고 모든 죄업 남김없이 없어지네

만약 지장보살의 명호를 쓰고 외우게 되면
지옥에 떨어질 죄를 지었더라도 영원히 해탈을 얻게 되면
태어나는 곳마다 반드시 큰 이익을 얻게 되느니라

새벽숲

· 지장보살 명호 사경과 영험

'지장보살' 명호 사경은 지장보살님에 대한 믿음을 더욱 깊게 하고 집중을 잘 할 수 있게 만들어, 지장보살님의 대자비 가피를 입음으로써 소원을 성취하고, 해탈을 이루는 기도법 입니다.

더욱이 지장보살님은 크나큰 원력과 중생구제를 행하는 가장 으뜸되는 분이므로 '대원의 본존'이라고 칭하는데, 이 '지장보살'님의 명호를 손으로 쓰면서, 그 명호를 눈으로 보고 입으로 외우고, 그 염불소리를 내 귀로 듣고 마음에 새기면 한량없는 가피가 저절로 찾아들어, 집안이 편안해짐은 물론이요 업장소멸을 비롯한 갖가지 소원을 쉽게 성취할 수 있습니다.

이 명호사경집 1권으로는 '지장보살'을 100번씩 50회를 써서 5,000번을 쓸 수 있도록 엮었습니다.

만약 꼭 이루어야 할 소원이 있다면 감히 20권 분량인 10만 번의 '지장보살' 명호 쓰기를 권합니다. 10만 번을 쓰면 몸과 마음이 큰 변화를 이루게 되고 마음 속에 자리잡고 있는 원을 능히 성취할 수 있다고 합니다.

부디 스스로의 처지와 원력에 맞게 '지장보살'을 쓰면서 지장보살님의 무한자비광명 속에 흠뻑 젖어 보십시오. 모든 업장이 녹아내리면서 심중의 소원이 틀림없이 이루어지게 됩니다.

그럼 '지장보살' 명호를 쓰고 외우면 어떠한 가피가 생겨나는가?
지장신앙을 천명하는 여러 경전을 보면 다음과 같은 원을 성취하고자 할 때 지장보살을 염하고 외우고 쓸 것을 권장하고 있습니다.

· 현재의 고난에서 완전히 벗어나고자 할 때
· 각종 병환·재난·시비·구설수 등을 소멸시키고자 할 때

· 부모 및 일가친척의 영가를 잘 천도하고 천상 및 극락왕생을 바랄 때
· 내생에 좋은 국토에 태어나고자 할 때
· 평온하고 복되고 안정된 가정을 원할 때
· 입시 등 각종 시험 합격을 원할 때
· 개인 및 사업의 번창을 바랄 때
· 구하는 바를 뜻대로 이루고자 할 때
· 아기를 갖기를 원할 때
· 잉태한 아기의 건강과 순산을 원할 때
· 자녀의 건강과 훌륭한 앞날을 기원할 때
· 풍부한 자비심을 갖추고 마침내 성불하고자 할 때

이상과 같이 지장보살님께서는 우리의 어떠한 소원도 저버리지 않고 포용합니다. 어떠한 장애가 있는 중생이라 할지라도 지장보살님과 함께하면 그들의 소원을 남김없이 성취시켜주십니다.

곧 삼재의 소멸과 무병장수, 두려움과 불안으로부터 안락 얻기, 일체장애 소멸, 풍년과 여행길의 안전 등은 기본이요, 오늘날의 사람들이 가장 원하는 부자되기, 성공하기, 나의 행복과 가정의 평화 이루기, 좋은 배우자와 친구 얻기, 공덕과 지혜의 성취까지도 기꺼이 도와주십니다.

이 밖에도 '지장보살' 명호 사경의 영험은 이루 다 말할 수 없습니다. 부디 뜻을 강하게 세우고 힘써 사경하기를 두 손 모아 청하옵니다.

※ 지장보살 명호를 사경하기에 앞서 『지장경』 전체 13품 중 1~2품 정도를 독송한 다음에 명호 사경을 하면 더욱 좋습니다 (꼭 하지 않아도 되는 권장사항).

· 지장보살 명호사경의 순서

※ 이 '지장보살' 명호 사경집은 지장정근을 할 때처럼 ① 지장보살님의 권능에 귀의하는 글인 '나무 남방화주 대원본존'을 먼저 쓴 다음 ② 지장보살 명호 100번을 쓰고 ③ 멸정업다라니와 예경문을 쓰는 것으로 매듭을 짓고 있습니다.

1. 명호를 쓰기 전에

① 먼저 3배를 올리고,

"시방세계에 가득하신 부처님과 지장보살님이시여, 감사합니다. 부처님과 지장보살님을 잘 모시고 살겠습니다." (3번)

② 이렇게 기본적인 축원을 세 번 한 다음, 꼭 성취되기를 바라는 일상의 소원들을 함께 축원하십시오. 예를 들겠습니다,

"대자대비하신 지장보살님이시여. 가피를 내려 저희 가족 모두 늘 건강하옵고 뜻과 같이 이루어지이다. 또한 지금 하는 일이 잘 되어 경제적으로 풍요로워지고 가족 모두 복된 삶을 이루게 하옵소서." (3번)

이 예와 같이 구체적인 소원들을 문장으로 만들어 7페이지의 '지장보살 명호사경 발원문' 난에 써놓고, 사경하기 전과 사경을 마친 다음 축원을 하면 좋습니다. 이때의 축원은 어떠한 것이라도 좋습니다. 꼭 이루어졌으면 하는 소원들을 불보살님께 솔직하게 바치면 됩니다.

③ 마지막으로 '늘 부처님과 지장보살님의 가르침을 잘 받들며 살겠습니다'를 세 번 염한 다음, 바로 명호사경을 시작하면 됩니다.

2. 지장보살 명호를 쓸 때

지장보살의 가피를 구하는 불자는 모든 가식을 비워버리고 진솔하게 명호를 사경해야 합니다. 근심 걱정과 괴로움에 처하였으면, 정말 솔직하고 순

수한 마음으로 온갖 슬픔·힘듦·답답함·억울함·불안함·고달픔·소원 등을 지장보살님께 다 말하고 다 바치면서 기도해야 합니다.

그리고 내 속에 지장보살님의 모습과 자비를 또렷이 담는 방법인

① '지장보살'의 명호를 쓰고 외우는 **칭명법**稱名法

② '지장보살'의 명호를 듣는 **문명법**聞名法

③ '대성大聖 지장보살'을 간절히 생각하는 **염성법**念聖法

이 셋이 하나가 되게 해야 합니다. 칭명법은 내가 '지장보살'을 쓰고 부르는 것이요, 문명법은 내 입으로 부르는 '지장보살'을 내 귀로 듣는 것이며, 염성법은 쓰고 부르고 들으면서 지장보살님을 생각하는 것입니다.

이렇게 내 입으로 '지장보살'을 쓰고 부르고, 내가 '지장보살'을 부르는 소리를 내 귀로 듣고, '지장보살'을 떠올리고 생각하고 대화를 나누는 명호사경 기도를 하게 되면, 틀림없이 지장보살님의 가피를 입어 어떠한 고난이나 근심걱정·병고 등의 괴로움을 능히 해탈하고 소원을 성취할 수 있습니다.

이제부터 정성껏 쓰면서 '지장보살'을 찾으십시오. 그리하여 나를 둘러싸고 있는 업의 껍질을 벗겨보십시오. 틀림없이 모든 것이 바뀌고, 주위에 행복이 충만하게 됩니다.

이제 몇 가지 참고사항을 열거하겠습니다.

① 명호사경을 할 때는 옅게 인쇄한 글씨만을 덧입혀 쓰고, 한자나 진하게 인쇄한 번역본 글은 쓰지 않습니다.

② 명호사경을 할 때 바탕글씨와 똑같은 글자체로 쓰려고 애를 쓰는 분이 있는데, 꼭 그렇게 쓸 필요는 없습니다. 바탕글씨를 크게 벗어나지 않는 범위 내에서 자기 필체로 쓰면 됩니다.

③ 그날 해야 할 명호사경을 마쳤으면 다시 스스로가 만든 '지장보살 명호 사경 발원문'을 읽고 3배를 드린 다음 끝을 맺습니다.

· 사경 기간 및 횟수

① 만약 간략한 소원이나 평소의 은근한 가피를 바라면서 '지장보살' 명호 사경을 하는 경우라면 하루에 100번씩 1~3번 하는 것으로 족하겠지만, 꼭 이루고 싶은 다소 큰 소원이 있다면 날짜에 구애되지 말고 부지런히 10만 번을 쓰는 것이 좋습니다.

② 인쇄한 글씨 위에 억지로 덧입히며 쓰지 않고 자기 필체로 쓰게 되면 100번 사경에 보통 10분~15분 정도 걸립니다. 만약 기도할 시간이 넉넉하지 않아 한 시간 정도에서 끝마치고자 한다면 하루에 100번씩 5번을 쓰십시오.

또 한 가지 제시하고 싶은 방법으로, 가족 한 사람당 100번씩 쓰면서 축원하는 것도 괜찮습니다. 이 경우 특별히 힘을 기울여 주어야 할 사람이 있다면 그를 위해 100번을 3회 정도 반복하여 쓰는 것도 바람직 합니다. 각자의 원력과 형편에 맞추어 하루의 분량 및 기도 기간을 잡아 사경을 하십시오.

③ 매일 쓰다가 부득이한 일이 발생하여 못 쓰게 될 경우가 있습니다. 그때는 꼭 지장보살님께 못 쓰게 된 사정을 고하여 마음속으로 '다음 날 또는 사경 기간을 하루 더 연장하여 반드시 쓰겠다'고 약속하면 됩니다.

※ 사경을 할 때는 연필·볼펜 또는 가는 수성펜 등으로 쓰는 것이 좋습니다.

※ 사경한 다음, 어떻게 처리해야 되느냐를 묻는 이들이 많은데, 정성껏 쓴 사경집을 집안에 두면 불은이 충만하고 삿된 기운이 침범하지 못하게 되므로, 집안에서 좋다고 생각하는 위치에 잘 모셔 두십시오. 불보살님 명호를 태우는 것은 큰 불경이므로 절대 함부로 태우면 안 됩니다.

여법히 기도하시기를 두 손 모아 축원드립니다. 나무 대원본존지장보살.

지장보살 명호사경 발원문

시방세계에 가득하신 부처님과 지장보살님이시여 감사합니다.

부처님과 지장보살님 잘 모시고 살겠습니다.(3번)

늘 부처님과 지장보살님의 가르침을 잘 받들며 살겠습니다.(3번)

지장보살 명호 사경   제   권

입재 : 불기 25 년   월   일   회향 : 25 년   월   일

사경불자 :

南無 南方化主 大願本尊　　　남방세계 교화하는 대원본존께
나무 남방화주 대원본존　　　지극정성 기울여서 귀의합니다

지장보살　지장보살　지장보살　지장보살
지장보살　지장보살　지장보살　지장보살
지장보살　지장보살　지장보살　지장보살
지장보살　지장보살　지장보살　지장보살
지장보살　지장보살　지장보살　지장보살
지장보살　지장보살　지장보살　지장보살
지장보살　지장보살　지장보살　지장보살
지장보살　지장보살　지장보살　지장보살
지장보살　지장보살　지장보살　지장보살
지장보살　지장보살　지장보살　지장보살
지장보살　지장보살　지장보살　지장보살
지장보살　지장보살　지장보살　지장보살
지장보살　지장보살　지장보살　지장보살
지장보살　지장보살　지장보살　지장보살

지장보살　　지장보살　　지장보살　　지장보살

지장보살　　지장보살　　지장보살　　지장보살

지장보살　　지장보살　　지장보살　　지장보살

지장보살　　지장보살　　지장보살　　지장보살

지장보살　　지장보살　　지장보살　　지장보살

지장보살　　지장보살　　지장보살　　지장보살

지장보살　　지장보살　　지장보살　　지장보살

지장보살　　지장보살　　지장보살　　지장보살

지장보살　　지장보살　　지장보살　　지장보살

지장보살　　지장보살　　지장보살　　지장보살

지장보살　　지장보살　　지장보살　　지장보살

地藏菩薩　滅定業陀羅尼
지장보살 멸정업다라니　옴 바라 마니다니 사바하
옴 바라 마니다니 사바하　옴 바라 마니다니 사바하

地藏大星威神力
지장대성위신력　　　　대성이신 지장보살 크나크신 위신력은

恒河沙劫說難盡
항하사겁설난진　　　　항하사겁 설하여도 다설하지 못한다네

見聞瞻禮一念間
견문첨례일념간　　　　잠깐사이 지장보살 생각하고 예배하면

利益人天無量事
이익인천무량사　　　　그어떠한 이익보다 한량없고 거룩할새

故我一心歸命頂禮
고아일심귀명정례　　　제가이제 일심으로 귀명예경 하나이다

9

南無　南方化主　大願本尊
나무 남방화주 대원본존

남방세계 교화하는 대원본존께
지극정성 기울여서 귀의합니다

지장보살　지장보살　지장보살　지장보살
지장보살　지장보살　지장보살　지장보살
지장보살　지장보살　지장보살　지장보살
지장보살　지장보살　지장보살　지장보살
지장보살　지장보살　지장보살　지장보살
지장보살　지장보살　지장보살　지장보살
지장보살　지장보살　지장보살　지장보살
지장보살　지장보살　지장보살　지장보살
지장보살　지장보살　지장보살　지장보살
지장보살　지장보살　지장보살　지장보살
지장보살　지장보살　지장보살　지장보살
지장보살　지장보살　지장보살　지장보살
지장보살　지장보살　지장보살　지장보살

지장보살　지장보살　지장보살　지장보살

지장보살　지장보살　지장보살　지장보살

지장보살　지장보살　지장보살　지장보살

지장보살　지장보살　지장보살　지장보살

지장보살　지장보살　지장보살　지장보살

지장보살　지장보살　지장보살　지장보살

지장보살　지장보살　지장보살　지장보살

지장보살　지장보살　지장보살　지장보살

지장보살　지장보살　지장보살　지장보살

지장보살　지장보살　지장보살　지장보살

地藏菩薩　滅定業陀羅尼
지장보살 멸정업다라니　옴 바라 마니다니 사바하
옴 바라 마니다니 사바하　옴 바라 마니다니 사바하

地藏大聖威神力
지장대성위신력　　대성이신 지장보살 크나크신 위신력은

恒河沙劫說難盡
항하사겁설난진　　항하사겁 설하여도 다설하지 못한다네

見聞瞻禮一念間
견문첨례일념간　　잠깐사이 지장보살 생각하고 예배하면

利益人天無量事
이익인천무량사　　그어떠한 이익보다 한량없고 거룩할새

故我一心歸命頂禮
고아일심귀명정례　　제가이제 일심으로 귀명예경 하나이다

南無　南方化主　大願本尊
나무　남방화주　대원본존

남방세계 교화하는 대원본존께
지극정성 기울여서 귀의합니다

지장보살　지장보살　지장보살　지장보살
지장보살　지장보살　지장보살　지장보살
지장보살　지장보살　지장보살　지장보살
지장보살　지장보살　지장보살　지장보살
지장보살　지장보살　지장보살　지장보살
지장보살　지장보살　지장보살　지장보살
지장보살　지장보살　지장보살　지장보살
지장보살　지장보살　지장보살　지장보살
지장보살　지장보살　지장보살　지장보살
지장보살　지장보살　지장보살　지장보살
지장보살　지장보살　지장보살　지장보살
지장보살　지장보살　지장보살　지장보살
지장보살　지장보살　지장보살　지장보살
지장보살　지장보살　지장보살　지장보살

지장보살　지장보살　지장보살　지장보살
지장보살　지장보살　지장보살　지장보살
지장보살　지장보살　지장보살　지장보살
지장보살　지장보살　지장보살　지장보살
지장보살　지장보살　지장보살　지장보살
지장보살　지장보살　지장보살　지장보살
지장보살　지장보살　지장보살　지장보살
지장보살　지장보살　지장보살　지장보살
지장보살　지장보살　지장보살　지장보살
지장보살　지장보살　지장보살　지장보살

地藏菩薩　滅定業陀羅尼
지장보살 멸정업다라니　옴 바라 마니다니 사바하
옴 바라 마니다니 사바하　옴 바라 마니다니 사바하

地藏大星威神力
지장대성위신력　　대성이신 지장보살 크나크신 위신력은

恒河沙劫說難盡
항하사겁설난진　　항하사겁 설하여도 다설하지 못한다네

見聞瞻禮一念間
견문첨례일념간　　잠깐사이 지장보살 생각하고 예배하면

利益人天無量事
이익인천무량사　　그어떠한 이익보다 한량없고 거룩할새

故我一心歸命頂禮
고아일심귀명정례　제가이제 일심으로 귀명예경 하나이다

南無　南方化主　大願本尊　　남방세계 교화하는 대원본존께
나무 남방화주 대원본존　　지극정성 기울여서 귀의합니다

지장보살　지장보살　지장보살　지장보살

지장보살　지장보살　지장보살　지장보살

지장보살　지장보살　지장보살　지장보살

지장보살　지장보살　지장보살　지장보살

지장보살　지장보살　지장보살　지장보살

지장보살　지장보살　지장보살　지장보살

지장보살　지장보살　지장보살　지장보살

지장보살　지장보살　지장보살　지장보살

지장보살　지장보살　지장보살　지장보살

지장보살　지장보살　지장보살　지장보살

지장보살　지장보살　지장보살　지장보살

지장보살　지장보살　지장보살　지장보살

지장보살　지장보살　지장보살　지장보살

지장보살　　지장보살　　지장보살　　지장보살

지장보살　　지장보살　　지장보살　　지장보살

지장보살　　지장보살　　지장보살　　지장보살

지장보살　　지장보살　　지장보살　　지장보살

지장보살　　지장보살　　지장보살　　지장보살

지장보살　　지장보살　　지장보살　　지장보살

지장보살　　지장보살　　지장보살　　지장보살

지장보살　　지장보살　　지장보살　　지장보살

지장보살　　지장보살　　지장보살　　지장보살

지장보살　　지장보살　　지장보살　　지장보살

지장보살　　지장보살　　지장보살　　지장보살

地藏菩薩　　滅定業陀羅尼
지장보살 멸정업다라니　옴 바라 마니다니 사바하
옴 바라 마니다니 사바하　옴 바라 마니다니 사바하

地藏大星威神力
지장대성위신력　　　　대성이신 지장보살 크나크신 위신력은

恒河沙劫說難盡
항하사겁설난진　　　　항하사겁 설하여도 다설하지 못한다네

見聞瞻禮一念間
견문첨례일념간　　　　잠깐사이 지장보살 생각하고 예배하면

利益人天無量事
이익인천무량사　　　　그어떠한 이익보다 한량없고 거룩할새

故我一心歸命頂禮
고아일심귀명정례　　　제가이제 일심으로 귀명예경 하나이다

15　　　　　　　　　　　　　　　　· 명호사경 횟수 : 400

南無　南方化主　大願本尊　　남방세계 교화하는 대원본존께
나무 남방화주 대원본존　　지극정성 기울여서 귀의합니다

지장보살　지장보살　지장보살　지장보살

지장보살　지장보살　지장보살　지장보살

지장보살　지장보살　지장보살　지장보살

지장보살　지장보살　지장보살　지장보살

지장보살　지장보살　지장보살　지장보살

지장보살　지장보살　지장보살　지장보살

지장보살　지장보살　지장보살　지장보살

지장보살　지장보살　지장보살　지장보살

지장보살　지장보살　지장보살　지장보살

지장보살　지장보살　지장보살　지장보살

지장보살　지장보살　지장보살　지장보살

지장보살　지장보살　지장보살　지장보살

지장보살　지장보살　지장보살　지장보살

지장보살　지장보살　지장보살　지장보살

지장보살　지장보살　지장보살　지장보살

지장보살　지장보살　지장보살　지장보살

지장보살　지장보살　지장보살　지장보살

지장보살　지장보살　지장보살　지장보살

지장보살　지장보살　지장보살　지장보살

지장보살　지장보살　지장보살　지장보살

지장보살　지장보살　지장보살　지장보살

지장보살　지장보살　지장보살　지장보살

지장보살　지장보살　지장보살　지장보살

지장보살　지장보살　지장보살　지장보살

地藏菩薩　滅定業陀羅尼
지장보살 멸정업다라니　옴 바라 마니다니 사바하
옴 바라 마니다니 사바하　옴 바라 마니다니 사바하

地藏大星威神力
지장대성위신력　　　대성이신 지장보살 크나크신 위신력은

恒河沙劫說難盡
항하사겁설난진　　　항하사겁 설하여도 다설하지 못한다네

見聞瞻禮一念間
견문첨례일념간　　　잠깐사이 지장보살 생각하고 예배하면

利益人天無量事
이익인천무량사　　　그어떠한 이익보다 한량없고 거룩할새

故我一心歸命頂禮
고아일심귀명정례　　　제가이제 일심으로 귀명예경 하나이다

17

南無　南方化主　大願本尊　　**남방세계 교화하는 대원본존께**
나무 남방화주 대원본존　　　**지극정성 기울여서 귀의합니다**

지장보살　　지장보살　　지장보살　　지장보살
지장보살　　지장보살　　지장보살　　지장보살
지장보살　　지장보살　　지장보살　　지장보살
지장보살　　지장보살　　지장보살　　지장보살
지장보살　　지장보살　　지장보살　　지장보살
지장보살　　지장보살　　지장보살　　지장보살
지장보살　　지장보살　　지장보살　　지장보살
지장보살　　지장보살　　지장보살　　지장보살
지장보살　　지장보살　　지장보살　　지장보살
지장보살　　지장보살　　지장보살　　지장보살
지장보살　　지장보살　　지장보살　　지장보살
지장보살　　지장보살　　지장보살　　지장보살
지장보살　　지장보살　　지장보살　　지장보살
지장보살　　지장보살　　지장보살　　지장보살

지장보살　지장보살　지장보살　지장보살
지장보살　지장보살　지장보살　지장보살
지장보살　지장보살　지장보살　지장보살
지장보살　지장보살　지장보살　지장보살
지장보살　지장보살　지장보살　지장보살
지장보살　지장보살　지장보살　지장보살
지장보살　지장보살　지장보살　지장보살
지장보살　지장보살　지장보살　지장보살
지장보살　지장보살　지장보살　지장보살
지장보살　지장보살　지장보살　지장보살

地藏菩薩　滅定業陀羅尼
지장보살 멸정업다라니　옴 바라 마니다니 사바하
옴 바라 마니다니 사바하　옴 바라 마니다니 사바하

地藏大星威神力
지장대성위신력　　대성이신 지장보살 크나크신 위신력은

恒河沙劫說難盡
항하사겁설난진　　항하사겁 설하여도 다설하지 못한다네

見聞瞻禮一念間
견문첨례일념간　　잠깐사이 지장보살 생각하고 예배하면

利益人天無量事
이익인천무량사　　그어떠한 이익보다 한량없고 거룩할새

故我一心歸命頂禮
고아일심귀명정례　　제가이제 일심으로 귀명예경 하나이다

· 명호사경 횟수 : 600

南無　南方化主　大願本尊
나무　남방화주　대원본존

남방세계 교화하는 대원본존께
지극정성 기울여서 귀의합니다

지장보살　　지장보살　　지장보살　　지장보살
지장보살　　지장보살　　지장보살　　지장보살
지장보살　　지장보살　　지장보살　　지장보살
지장보살　　지장보살　　지장보살　　지장보살
지장보살　　지장보살　　지장보살　　지장보살
지장보살　　지장보살　　지장보살　　지장보살
지장보살　　지장보살　　지장보살　　지장보살
지장보살　　지장보살　　지장보살　　지장보살
지장보살　　지장보살　　지장보살　　지장보살
지장보살　　지장보살　　지장보살　　지장보살
지장보살　　지장보살　　지장보살　　지장보살
지장보살　　지장보살　　지장보살　　지장보살
지장보살　　지장보살　　지장보살　　지장보살
지장보살　　지장보살　　지장보살　　지장보살

지장보살　지장보살　지장보살　지장보살
지장보살　지장보살　지장보살　지장보살
지장보살　지장보살　지장보살　지장보살
지장보살　지장보살　지장보살　지장보살
지장보살　지장보살　지장보살　지장보살
지장보살　지장보살　지장보살　지장보살
지장보살　지장보살　지장보살　지장보살
지장보살　지장보살　지장보살　지장보살
지장보살　지장보살　지장보살　지장보살
지장보살　지장보살　지장보살　지장보살
지장보살　지장보살　지장보살　지장보살

地藏菩薩　滅定業陀羅尼
지장보살 멸정업다라니　옴 바라 마니다니 사바하
옴 바라 마니다니 사바하　옴 바라 마니다니 사바하

地藏大星威神力
지장대성위신력

恒河沙劫說難盡
항하사겁설난진

見聞瞻禮一念間
견문첨례일념간

利益人天無量事
이익인천무량사

故我一心歸命頂禮
고아일심귀명정례

대성이신 지장보살 크나크신 위신력은

항하사겁 설하여도 다설하지 못한다네

잠깐사이 지장보살 생각하고 예배하면

그어떠한 이익보다 한량없고 거룩할새

제가이제 일심으로 귀명예경 하나이다

· 명호사경 횟수 : 700

南無 南方化主 大願本尊
나무 남방화주 대원본존

남방세계 교화하는 대원본존께
지극정성 기울여서 귀의합니다

지장보살 　지장보살 　지장보살 　지장보살
지장보살 　지장보살 　지장보살 　지장보살
지장보살 　지장보살 　지장보살 　지장보살
지장보살 　지장보살 　지장보살 　지장보살
지장보살 　지장보살 　지장보살 　지장보살
지장보살 　지장보살 　지장보살 　지장보살
지장보살 　지장보살 　지장보살 　지장보살
지장보살 　지장보살 　지장보살 　지장보살
지장보살 　지장보살 　지장보살 　지장보살
지장보살 　지장보살 　지장보살 　지장보살
지장보살 　지장보살 　지장보살 　지장보살
지장보살 　지장보살 　지장보살 　지장보살
지장보살 　지장보살 　지장보살 　지장보살
지장보살 　지장보살 　지장보살 　지장보살

지장보살　　지장보살　　지장보살　　지장보살

지장보살　　지장보살　　지장보살　　지장보살

지장보살　　지장보살　　지장보살　　지장보살

지장보살　　지장보살　　지장보살　　지장보살

지장보살　　지장보살　　지장보살　　지장보살

지장보살　　지장보살　　지장보살　　지장보살

지장보살　　지장보살　　지장보살　　지장보살

지장보살　　지장보살　　지장보살　　지장보살

지장보살　　지장보살　　지장보살　　지장보살

지장보살　　지장보살　　지장보살　　지장보살

지장보살　　지장보살　　지장보살　　지장보살

地藏菩薩　滅定業陀羅尼
지장보살 멸정업다라니　　옴 바라 마니다니 사바하
옴 바라 마니다니 사바하　　옴 바라 마니다니 사바하

地藏大星威神力
지장대성위신력

恒河沙劫說難盡
항하사겁설난진

見聞瞻禮一念間
견문첨례일념간

利益人天無量事
이익인천무량사

故我一心歸命頂禮
고아일심귀명정례

대성이신 지장보살 크나크신 위신력은

항하사겁 설하여도 다설하지 못한다네

잠깐사이 지장보살 생각하고 예배하면

그어떠한 이익보다 한량없고 거룩할새

제가이제 일심으로 귀명예경 하나이다

南無 南方化主 大願本尊　　남방세계 교화하는 대원본존께
나무 남방화주 대원본존　　지극정성 기울여서 귀의합니다

지장보살　지장보살　지장보살　지장보살
지장보살　지장보살　지장보살　지장보살
지장보살　지장보살　지장보살　지장보살
지장보살　지장보살　지장보살　지장보살
지장보살　지장보살　지장보살　지장보살
지장보살　지장보살　지장보살　지장보살
지장보살　지장보살　지장보살　지장보살
지장보살　지장보살　지장보살　지장보살
지장보살　지장보살　지장보살　지장보살
지장보살　지장보살　지장보살　지장보살
지장보살　지장보살　지장보살　지장보살
지장보살　지장보살　지장보살　지장보살
지장보살　지장보살　지장보살　지장보살
지장보살　지장보살　지장보살　지장보살

지장보살　　지장보살　　지장보살　　지장보살

지장보살　　지장보살　　지장보살　　지장보살

지장보살　　지장보살　　지장보살　　지장보살

지장보살　　지장보살　　지장보살　　지장보살

지장보살　　지장보살　　지장보살　　지장보살

지장보살　　지장보살　　지장보살　　지장보살

지장보살　　지장보살　　지장보살　　지장보살

지장보살　　지장보살　　지장보살　　지장보살

지장보살　　지장보살　　지장보살　　지장보살

지장보살　　지장보살　　지장보살　　지장보살

지장보살　　지장보살　　지장보살　　지장보살

地藏菩薩　滅定業陀羅尼
지장보살 멸정업다라니　　옴 바라 마니다니 사바하
옴 바라 마니다니 사바하　　옴 바라 마니다니 사바하

地藏大星威神力
지장대성위신력　　　　대성이신 지장보살 크나크신 위신력은

恒河沙劫說難盡
항하사겁설난진　　　　항하사겁 설하여도 다설하지 못한다네

見聞瞻禮一念間
견문첨례일념간　　　　잠깐사이 지장보살 생각하고 예배하면

利益人天無量事
이익인천무량사　　　　그어떠한 이익보다 한량없고 거룩할새

故我一心歸命頂禮
고아일심귀명정례　　　제가이제 일심으로 귀명예경 하나이다

25

南無　南方化主　大願本尊
나무 남방화주 대원본존

남방세계 교화하는 대원본존께
지극정성 기울여서 귀의합니다

지장보살　지장보살　지장보살　지장보살
지장보살　지장보살　지장보살　지장보살
지장보살　지장보살　지장보살　지장보살
지장보살　지장보살　지장보살　지장보살
지장보살　지장보살　지장보살　지장보살
지장보살　지장보살　지장보살　지장보살
지장보살　지장보살　지장보살　지장보살
지장보살　지장보살　지장보살　지장보살
지장보살　지장보살　지장보살　지장보살
지장보살　지장보살　지장보살　지장보살
지장보살　지장보살　지장보살　지장보살
지장보살　지장보살　지장보살　지장보살
지장보살　지장보살　지장보살　지장보살
지장보살　지장보살　지장보살　지장보살

지장보살　　지장보살　　지장보살　　지장보살

지장보살　　지장보살　　지장보살　　지장보살

지장보살　　지장보살　　지장보살　　지장보살

지장보살　　지장보살　　지장보살　　지장보살

지장보살　　지장보살　　지장보살　　지장보살

지장보살　　지장보살　　지장보살　　지장보살

지장보살　　지장보살　　지장보살　　지장보살

지장보살　　지장보살　　지장보살　　지장보살

지장보살　　지장보살　　지장보살　　지장보살

지장보살　　지장보살　　지장보살　　지장보살

地藏菩薩　滅定業陀羅尼
지장보살 멸정업다라니　옴 바라 마니다니 사바하
옴 바라 마니다니 사바하　옴 바라 마니다니 사바하

地藏大星威神力
지장대성위신력　　　　　대성이신 지장보살 크나크신 위신력은

恒河沙劫說難盡
항하사겁설난진　　　　　항하사겁 설하여도 다설하지 못한다네

見聞瞻禮一念間
견문첨례일념간　　　　　잠깐사이 지장보살 생각하고 예배하면

利益人天無量事
이익인천무량사　　　　　그어떠한 이익보다 한량없고 거룩할새

故我一心歸命頂禮
고아일심귀명정례　　　　제가이제 일심으로 귀명예경 하나이다

南無 南方化主 大願本尊
나무 남방화주 대원본존

남방세계 교화하는 대원본존께
지극정성 기울여서 귀의합니다

지장보살　지장보살　지장보살　지장보살
지장보살　지장보살　지장보살　지장보살
지장보살　지장보살　지장보살　지장보살
지장보살　지장보살　지장보살　지장보살
지장보살　지장보살　지장보살　지장보살
지장보살　지장보살　지장보살　지장보살
지장보살　지장보살　지장보살　지장보살
지장보살　지장보살　지장보살　지장보살
지장보살　지장보살　지장보살　지장보살
지장보살　지장보살　지장보살　지장보살
지장보살　지장보살　지장보살　지장보살
지장보살　지장보살　지장보살　지장보살
지장보살　지장보살　지장보살　지장보살
지장보살　지장보살　지장보살　지장보살

지장보살　지장보살　지장보살　지장보살
지장보살　지장보살　지장보살　지장보살
지장보살　지장보살　지장보살　지장보살
지장보살　지장보살　지장보살　지장보살
지장보살　지장보살　지장보살　지장보살
지장보살　지장보살　지장보살　지장보살
지장보살　지장보살　지장보살　지장보살
지장보살　지장보살　지장보살　지장보살
지장보살　지장보살　지장보살　지장보살
지장보살　지장보살　지장보살　지장보살

地 藏 菩 薩　滅 定 業 陀 羅 尼
지장보살 멸정업다라니　옴 바라 마니다니 사바하
옴 바라 마니다니 사바하　옴 바라 마니다니 사바하

地 藏 大 星 威 神 力
지장대성위신력

恒 河 沙 劫 説 難 盡
항하사겁설난진

見 聞 瞻 禮 一 念 間
견문첨례일념간

利 益 人 天 無 量 事
이익인천무량사

故 我 一 心 歸 命 頂 禮
고아일심귀명정례

대성이신 지장보살 크나크신 위신력은

항하사겁 설하여도 다설하지 못한다네

잠깐사이 지장보살 생각하고 예배하면

그어떠한 이익보다 한량없고 거룩할새

제가이제 일심으로 귀명예경 하나이다

· 명호사경 횟수 : 1100

南無　南方化主　大願本尊　　남방세계 교화하는 대원본존께
나무 남방화주 대원본존　　지극정성 기울여서 귀의합니다

지장보살　　지장보살　　지장보살　　지장보살
지장보살　　지장보살　　지장보살　　지장보살
지장보살　　지장보살　　지장보살　　지장보살
지장보살　　지장보살　　지장보살　　지장보살
지장보살　　지장보살　　지장보살　　지장보살
지장보살　　지장보살　　지장보살　　지장보살
지장보살　　지장보살　　지장보살　　지장보살
지장보살　　지장보살　　지장보살　　지장보살
지장보살　　지장보살　　지장보살　　지장보살
지장보살　　지장보살　　지장보살　　지장보살
지장보살　　지장보살　　지장보살　　지장보살
지장보살　　지장보살　　지장보살　　지장보살
지장보살　　지장보살　　지장보살　　지장보살
지장보살　　지장보살　　지장보살　　지장보살

지장보살　지장보살　지장보살　지장보살
지장보살　지장보살　지장보살　지장보살
지장보살　지장보살　지장보살　지장보살
지장보살　지장보살　지장보살　지장보살
지장보살　지장보살　지장보살　지장보살
지장보살　지장보살　지장보살　지장보살
지장보살　지장보살　지장보살　지장보살
지장보살　지장보살　지장보살　지장보살
지장보살　지장보살　지장보살　지장보살
지장보살　지장보살　지장보살　지장보살
지장보살　지장보살　지장보살　지장보살

地藏菩薩　滅定業陀羅尼
지장보살 멸정업다라니　옴 바라 마니다니 사바하
옴 바라 마니다니 사바하　옴 바라 마니다니 사바하

地藏大星威神力
지장대성위신력　　대성이신 지장보살 크나크신 위신력은

恒河沙劫說難盡
항하사겁설난진　　항하사겁 설하여도 다설하지 못한다네

見聞瞻禮一念間
견문첨례일념간　　잠깐사이 지장보살 생각하고 예배하면

利益人天無量事
이익인천무량사　　그어떠한 이익보다 한량없고 거룩할새

故我一心歸命頂禮
고아일심귀명정례　　제가이제 일심으로 귀명예경 하나이다

31　　　　　　　　· 명호사경 횟수 : 1200

南無　南方化主　大願本尊　　　남방세계 교화하는 대원본존께
나무 남방화주 대원본존　　　　지극정성 기울여서 귀의합니다

지장보살　　지장보살　　지장보살　　지장보살
지장보살　　지장보살　　지장보살　　지장보살
지장보살　　지장보살　　지장보살　　지장보살
지장보살　　지장보살　　지장보살　　지장보살
지장보살　　지장보살　　지장보살　　지장보살
지장보살　　지장보살　　지장보살　　지장보살
지장보살　　지장보살　　지장보살　　지장보살
지장보살　　지장보살　　지장보살　　지장보살
지장보살　　지장보살　　지장보살　　지장보살
지장보살　　지장보살　　지장보살　　지장보살
지장보살　　지장보살　　지장보살　　지장보살
지장보살　　지장보살　　지장보살　　지장보살
지장보살　　지장보살　　지장보살　　지장보살
지장보살　　지장보살　　지장보살　　지장보살

지장보살 　지장보살 　지장보살 　지장보살
지장보살 　지장보살 　지장보살 　지장보살
지장보살 　지장보살 　지장보살 　지장보살
지장보살 　지장보살 　지장보살 　지장보살
지장보살 　지장보살 　지장보살 　지장보살
지장보살 　지장보살 　지장보살 　지장보살
지장보살 　지장보살 　지장보살 　지장보살
지장보살 　지장보살 　지장보살 　지장보살
지장보살 　지장보살 　지장보살 　지장보살
지장보살 　지장보살 　지장보살 　지장보살
지장보살 　지장보살 　지장보살 　지장보살

地藏菩薩　滅定業陀羅尼
지장보살 멸정업다라니 　옴 바라 마니다니 사바하
옴 바라 마니다니 사바하 　옴 바라 마니다니 사바하

地藏大聖威神力
지장대성위신력

恒河沙劫說難盡
항하사겁설난진

見聞瞻禮一念間
견문첨례일념간

利益人天無量事
이익인천무량사

故我一心歸命頂禮
고아일심귀명정례

대성이신 지장보살 크나크신 위신력은

항하사겁 설하여도 다설하지 못한다네

잠깐사이 지장보살 생각하고 예배하면

그어떠한 이익보다 한량없고 거룩할새

제가이제 일심으로 귀명예경 하나이다

南無 南方化主 大願本尊　　남방세계 교화하는 대원본존께
나무 남방화주 대원본존　　지극정성 기울여서 귀의합니다

지장보살　지장보살　지장보살　지장보살

지장보살　지장보살　지장보살　지장보살

지장보살　지장보살　지장보살　지장보살

지장보살　지장보살　지장보살　지장보살

지장보살　지장보살　지장보살　지장보살

지장보살　지장보살　지장보살　지장보살

지장보살　지장보살　지장보살　지장보살

지장보살　지장보살　지장보살　지장보살

지장보살　지장보살　지장보살　지장보살

지장보살　지장보살　지장보살　지장보살

지장보살　지장보살　지장보살　지장보살

지장보살　지장보살　지장보살　지장보살

지장보살　지장보살　지장보살　지장보살

지장보살　지장보살　지장보살　지장보살

지장보살　　지장보살　　지장보살　　지장보살

지장보살　　지장보살　　지장보살　　지장보살

지장보살　　지장보살　　지장보살　　지장보살

지장보살　　지장보살　　지장보살　　지장보살

지장보살　　지장보살　　지장보살　　지장보살

지장보살　　지장보살　　지장보살　　지장보살

지장보살　　지장보살　　지장보살　　지장보살

지장보살　　지장보살　　지장보살　　지장보살

지장보살　　지장보살　　지장보살　　지장보살

지장보살　　지장보살　　지장보살　　지장보살

지장보살　　지장보살　　지장보살　　지장보살

地藏菩薩　滅定業陀羅尼
지장보살 멸정업다라니　　옴 바라 마니다니 사바하
옴 바라 마니다니 사바하　　옴 바라 마니다니 사바하

地藏大星威神力
지장대성위신력　　　　　대성이신 지장보살 크나크신 위신력은

恒河沙劫說難盡
항하사겁설난진　　　　　항하사겁 설하여도 다설하지 못한다네

見聞瞻禮一念間
견문첨례일념간　　　　　잠깐사이 지장보살 생각하고 예배하면

利益人天無量事
이익인천무량사　　　　　그어떠한 이익보다 한량없고 거룩할새

故我一心歸命頂禮
고아일심귀명정례　　　　제가이제 일심으로 귀명예경 하나이다

南無　南方化主　大願本尊　　　남방세계 교화하는 대원본존께
나무 남방화주 대원본존　　　지극정성 기울여서 귀의합니다

지장보살　　지장보살　　지장보살　　지장보살
지장보살　　지장보살　　지장보살　　지장보살
지장보살　　지장보살　　지장보살　　지장보살
지장보살　　지장보살　　지장보살　　지장보살
지장보살　　지장보살　　지장보살　　지장보살
지장보살　　지장보살　　지장보살　　지장보살
지장보살　　지장보살　　지장보살　　지장보살
지장보살　　지장보살　　지장보살　　지장보살
지장보살　　지장보살　　지장보살　　지장보살
지장보살　　지장보살　　지장보살　　지장보살
지장보살　　지장보살　　지장보살　　지장보살
지장보살　　지장보살　　지장보살　　지장보살
지장보살　　지장보살　　지장보살　　지장보살
지장보살　　지장보살　　지장보살　　지장보살

지장보살　지장보살　지장보살　지장보살
지장보살　지장보살　지장보살　지장보살
지장보살　지장보살　지장보살　지장보살
지장보살　지장보살　지장보살　지장보살
지장보살　지장보살　지장보살　지장보살
지장보살　지장보살　지장보살　지장보살
지장보살　지장보살　지장보살　지장보살
지장보살　지장보살　지장보살　지장보살
지장보살　지장보살　지장보살　지장보살
지장보살　지장보살　지장보살　지장보살
지장보살　지장보살　지장보살　지장보살

地 藏 菩 薩　　減 定 業 陀 羅 尼
지장보살 멸정업다라니　　옴 바라 마니다니 사바하
옴 바라 마니다니 사바하　　옴 바라 마니다니 사바하

地 藏 大 星 威 神 力
지장대성위신력

恒 河 沙 劫 說 難 盡
항하사겁설난진

見 聞 瞻 禮 一 念 間
견문첨례일념간

利 益 人 天 無 量 事
이익인천무량사

故 我 一 心 歸 命 頂 禮
고아일심귀명정례

대성이신 지장보살 크나크신 위신력은

항하사겁 설하여도 다설하지 못한다네

잠깐사이 지장보살 생각하고 예배하면

그어떠한 이익보다 한량없고 거룩할새

제가이제 일심으로 귀명예경 하나이다

南無　南方化主　大願本尊　　남방세계 교화하는 대원본존께
나무 남방화주 대원본존　　지극정성 기울여서 귀의합니다

지장보살　　지장보살　　지장보살　　지장보살
지장보살　　지장보살　　지장보살　　지장보살
지장보살　　지장보살　　지장보살　　지장보살
지장보살　　지장보살　　지장보살　　지장보살
지장보살　　지장보살　　지장보살　　지장보살
지장보살　　지장보살　　지장보살　　지장보살
지장보살　　지장보살　　지장보살　　지장보살
지장보살　　지장보살　　지장보살　　지장보살
지장보살　　지장보살　　지장보살　　지장보살
지장보살　　지장보살　　지장보살　　지장보살
지장보살　　지장보살　　지장보살　　지장보살
지장보살　　지장보살　　지장보살　　지장보살
지장보살　　지장보살　　지장보살　　지장보살
지장보살　　지장보살　　지장보살　　지장보살

지장보살   지장보살   지장보살   지장보살
지장보살   지장보살   지장보살   지장보살
지장보살   지장보살   지장보살   지장보살
지장보살   지장보살   지장보살   지장보살
지장보살   지장보살   지장보살   지장보살
지장보살   지장보살   지장보살   지장보살
지장보살   지장보살   지장보살   지장보살
지장보살   지장보살   지장보살   지장보살
지장보살   지장보살   지장보살   지장보살
지장보살   지장보살   지장보살   지장보살
지장보살   지장보살   지장보살   지장보살

地藏菩薩　滅定業陀羅尼
지장보살 멸정업다라니   옴 바라 마니다니 사바하
옴 바라 마니다니 사바하   옴 바라 마니다니 사바하

地藏大星威神力
지장대성위신력   대성이신 지장보살 크나크신 위신력은

恒河沙劫說難盡
항하사겁설난진   항하사겁 설하여도 다설하지 못한다네

見聞瞻禮一念間
견문첨례일념간   잠깐사이 지장보살 생각하고 예배하면

利益人天無量事
이익인천무량사   그어떠한 이익보다 한량없고 거룩할새

故我一心歸命頂禮
고아일심귀명정례   제가이제 일심으로 귀명예경 하나이다

南無　南方化主　大願本尊　　남방세계 교화하는 대원본존께
나무 남방화주 대원본존　　지극정성 기울여서 귀의합니다

지장보살　　지장보살　　지장보살　　지장보살
지장보살　　지장보살　　지장보살　　지장보살
지장보살　　지장보살　　지장보살　　지장보살
지장보살　　지장보살　　지장보살　　지장보살
지장보살　　지장보살　　지장보살　　지장보살
지장보살　　지장보살　　지장보살　　지장보살
지장보살　　지장보살　　지장보살　　지장보살
지장보살　　지장보살　　지장보살　　지장보살
지장보살　　지장보살　　지장보살　　지장보살
지장보살　　지장보살　　지장보살　　지장보살
지장보살　　지장보살　　지장보살　　지장보살
지장보살　　지장보살　　지장보살　　지장보살
지장보살　　지장보살　　지장보살　　지장보살
지장보살　　지장보살　　지장보살　　지장보살

지장보살 지장보살 지장보살 지장보살

지장보살 지장보살 지장보살 지장보살

지장보살 지장보살 지장보살 지장보살

지장보살 지장보살 지장보살 지장보살

지장보살 지장보살 지장보살 지장보살

지장보살 지장보살 지장보살 지장보살

지장보살 지장보살 지장보살 지장보살

지장보살 지장보살 지장보살 지장보살

지장보살 지장보살 지장보살 지장보살

지장보살 지장보살 지장보살 지장보살

지장보살 지장보살 지장보살 지장보살

地藏菩薩 滅定業陀羅尼
지장보살 멸정업다라니 옴 바라 마니다니 사바하

옴 바라 마니다니 사바하 옴 바라 마니다니 사바하

地藏大星威神力
지장대성위신력

恒河沙劫說難盡
항하사겁설난진

見聞瞻禮一念間
견문첨례일념간

利益人天無量事
이익인천무량사

故我一心歸命頂禮
고아일심귀명정례

대성이신 지장보살 크나크신 위신력은

항하사겁 설하여도 다설하지 못한다네

잠깐사이 지장보살 생각하고 예배하면

그어떠한 이익보다 한량없고 거룩할새

제가이제 일심으로 귀명예경 하나이다

· 명호사경 횟수 : 1700

南無　南方化主　大願本尊　　남방세계 교화하는 대원본존께
나무 남방화주 대원본존　　지극정성 기울여서 귀의합니다

지장보살　　지장보살　　지장보살　　지장보살
지장보살　　지장보살　　지장보살　　지장보살
지장보살　　지장보살　　지장보살　　지장보살
지장보살　　지장보살　　지장보살　　지장보살
지장보살　　지장보살　　지장보살　　지장보살
지장보살　　지장보살　　지장보살　　지장보살
지장보살　　지장보살　　지장보살　　지장보살
지장보살　　지장보살　　지장보살　　지장보살
지장보살　　지장보살　　지장보살　　지장보살
지장보살　　지장보살　　지장보살　　지장보살
지장보살　　지장보살　　지장보살　　지장보살
지장보살　　지장보살　　지장보살　　지장보살
지장보살　　지장보살　　지장보살　　지장보살
지장보살　　지장보살　　지장보살　　지장보살

지장보살 　 지장보살 　 지장보살 　 지장보살
지장보살 　 지장보살 　 지장보살 　 지장보살
지장보살 　 지장보살 　 지장보살 　 지장보살
지장보살 　 지장보살 　 지장보살 　 지장보살
지장보살 　 지장보살 　 지장보살 　 지장보살
지장보살 　 지장보살 　 지장보살 　 지장보살
지장보살 　 지장보살 　 지장보살 　 지장보살
지장보살 　 지장보살 　 지장보살 　 지장보살
지장보살 　 지장보살 　 지장보살 　 지장보살
지장보살 　 지장보살 　 지장보살 　 지장보살
지장보살 　 지장보살 　 지장보살 　 지장보살

地藏菩薩 滅定業陀羅尼
지장보살 멸정업다라니 　 옴 바라 마니다니 사바하
옴 바라 마니다니 사바하 　 옴 바라 마니다니 사바하

地藏大聖威神力
지장대성위신력 　 대성이신 지장보살 크나크신 위신력은

恒河沙劫說難盡
항하사겁설난진 　 항하사겁 설하여도 다설하지 못한다네

見聞瞻禮一念間
견문첨례일념간 　 잠깐사이 지장보살 생각하고 예배하면

利益人天無量事
이익인천무량사 　 그어떠한 이익보다 한량없고 거룩할새

故我一心歸命頂禮
고아일심귀명정례 　 제가이제 일심으로 귀명예경 하나이다

43 　 · 명호사경 횟수 : 1800

南 無　南 方 化 主　大 願 本 尊　　남방세계 교화하는 대원본존께
나무　남방화주　대원본존　　지극정성 기울여서 귀의합니다

지장보살　지장보살　지장보살　지장보살
지장보살　지장보살　지장보살　지장보살
지장보살　지장보살　지장보살　지장보살
지장보살　지장보살　지장보살　지장보살
지장보살　지장보살　지장보살　지장보살
지장보살　지장보살　지장보살　지장보살
지장보살　지장보살　지장보살　지장보살
지장보살　지장보살　지장보살　지장보살
지장보살　지장보살　지장보살　지장보살
지장보살　지장보살　지장보살　지장보살
지장보살　지장보살　지장보살　지장보살
지장보살　지장보살　지장보살　지장보살
지장보살　지장보살　지장보살　지장보살
지장보살　지장보살　지장보살　지장보살

지장보살　지장보살　지장보살　지장보살
지장보살　지장보살　지장보살　지장보살
지장보살　지장보살　지장보살　지장보살
지장보살　지장보살　지장보살　지장보살
지장보살　지장보살　지장보살　지장보살
지장보살　지장보살　지장보살　지장보살
지장보살　지장보살　지장보살　지장보살
지장보살　지장보살　지장보살　지장보살
지장보살　지장보살　지장보살　지장보살
지장보살　지장보살　지장보살　지장보살
지장보살　지장보살　지장보살　지장보살

地藏菩薩　滅定業陀羅尼
지장보살 멸정업다라니　옴 바라 마니다니 사바하
옴 바라 마니다니 사바하　옴 바라 마니다니 사바하

地藏大星威神力
지장대성위신력　　　대성이신 지장보살 크나크신 위신력은

恒河沙劫說難盡
항하사겁설난진　　　항하사겁 설하여도 다설하지 못한다네

見聞瞻禮一念間
견문첨례일념간　　　잠깐사이 지장보살 생각하고 예배하면

利益人天無量事
이익인천무량사　　　그어떠한 이익보다 한량없고 거룩할새

故我一心歸命頂禮
고아일심귀명정례　　제가이제 일심으로 귀명예경 하나이다

45　　　　　　　　　　　· 명호사경 횟수 : 1900

南無　南方化主　大願本尊　　남방세계 교화하는 대원본존께
나무 남방화주 대원본존　　지극정성 기울여서 귀의합니다

지장보살　　지장보살　　지장보살　　지장보살

지장보살　　지장보살　　지장보살　　지장보살

지장보살　　지장보살　　지장보살　　지장보살

지장보살　　지장보살　　지장보살　　지장보살

지장보살　　지장보살　　지장보살　　지장보살

지장보살　　지장보살　　지장보살　　지장보살

지장보살　　지장보살　　지장보살　　지장보살

지장보살　　지장보살　　지장보살　　지장보살

지장보살　　지장보살　　지장보살　　지장보살

지장보살　　지장보살　　지장보살　　지장보살

지장보살　　지장보살　　지장보살　　지장보살

지장보살　　지장보살　　지장보살　　지장보살

지장보살　　지장보살　　지장보살　　지장보살

지장보살　　지장보살　　지장보살　　지장보살

지장보살　　지장보살　　지장보살　　지장보살

지장보살　　지장보살　　지장보살　　지장보살

지장보살　　지장보살　　지장보살　　지장보살

지장보살　　지장보살　　지장보살　　지장보살

지장보살　　지장보살　　지장보살　　지장보살

지장보살　　지장보살　　지장보살　　지장보살

지장보살　　지장보살　　지장보살　　지장보살

지장보살　　지장보살　　지장보살　　지장보살

지장보살　　지장보살　　지장보살　　지장보살

지장보살　　지장보살　　지장보살　　지장보살

地藏菩薩　滅定業陀羅尼
지장보살 멸정업다라니　　옴 바라 마니다니 사바하
옴 바라 마니다니 사바하　　옴 바라 마니다니 사바하

地藏大星威神力
지장대성위신력　　　　대성이신 지장보살 크나크신 위신력은

恒河沙劫說難盡
항하사겁설난진　　　　항하사겁 설하여도 다설하지 못한다네

見聞瞻禮一念間
견문첨례일념간　　　　잠깐사이 지장보살 생각하고 예배하면

利益人天無量事
이익인천무량사　　　　그어떠한 이익보다 한량없고 거룩할새

故我一心歸命頂禮
고아일심귀명정례　　　제가이제 일심으로 귀명예경 하나이다

南無　南方化主　大願本尊　　남방세계 교화하는 대원본존께
나무 남방화주 대원본존　　　지극정성 기울여서 귀의합니다

지장보살　　지장보살　　지장보살　　지장보살
지장보살　　지장보살　　지장보살　　지장보살
지장보살　　지장보살　　지장보살　　지장보살
지장보살　　지장보살　　지장보살　　지장보살
지장보살　　지장보살　　지장보살　　지장보살
지장보살　　지장보살　　지장보살　　지장보살
지장보살　　지장보살　　지장보살　　지장보살
지장보살　　지장보살　　지장보살　　지장보살
지장보살　　지장보살　　지장보살　　지장보살
지장보살　　지장보살　　지장보살　　지장보살
지장보살　　지장보살　　지장보살　　지장보살
지장보살　　지장보살　　지장보살　　지장보살
지장보살　　지장보살　　지장보살　　지장보살
지장보살　　지장보살　　지장보살　　지장보살

지장보살　지장보살　지장보살　지장보살
지장보살　지장보살　지장보살　지장보살
지장보살　지장보살　지장보살　지장보살
지장보살　지장보살　지장보살　지장보살
지장보살　지장보살　지장보살　지장보살
지장보살　지장보살　지장보살　지장보살
지장보살　지장보살　지장보살　지장보살
지장보살　지장보살　지장보살　지장보살
지장보살　지장보살　지장보살　지장보살
지장보살　지장보살　지장보살　지장보살
지장보살　지장보살　지장보살　지장보살

地藏菩薩　滅定業陀羅尼
지장보살 멸정업다라니　옴 바라 마니다니 사바하
옴 바라 마니다니 사바하　옴 바라 마니다니 사바하

地藏大星威神力
지장대성위신력　대성이신 지장보살 크나크신 위신력은

恒河沙劫說難盡
항하사겁설난진　항하사겁 설하여도 다설하지 못한다네

見聞瞻禮一念間
견문첨례일념간　잠깐사이 지장보살 생각하고 예배하면

利益人天無量事
이익인천무량사　그어떠한 이익보다 한량없고 거룩할새

故我一心歸命頂禮
고아일심귀명정례　제가이제 일심으로 귀명예경 하나이다

49

· 명호사경 횟수 : 2100

南無　南方化主　大願本尊　　남방세계 교화하는 대원본존께
나무 남방화주 대원본존　　지극정성 기울여서 귀의합니다

지장보살　　지장보살　　지장보살　　지장보살
지장보살　　지장보살　　지장보살　　지장보살
지장보살　　지장보살　　지장보살　　지장보살
지장보살　　지장보살　　지장보살　　지장보살
지장보살　　지장보살　　지장보살　　지장보살
지장보살　　지장보살　　지장보살　　지장보살
지장보살　　지장보살　　지장보살　　지장보살
지장보살　　지장보살　　지장보살　　지장보살
지장보살　　지장보살　　지장보살　　지장보살
지장보살　　지장보살　　지장보살　　지장보살
지장보살　　지장보살　　지장보살　　지장보살
지장보살　　지장보살　　지장보살　　지장보살
지장보살　　지장보살　　지장보살　　지장보살

지장보살　지장보살　지장보살　지장보살
지장보살　지장보살　지장보살　지장보살
지장보살　지장보살　지장보살　지장보살
지장보살　지장보살　지장보살　지장보살
지장보살　지장보살　지장보살　지장보살
지장보살　지장보살　지장보살　지장보살
지장보살　지장보살　지장보살　지장보살
지장보살　지장보살　지장보살　지장보살
지장보살　지장보살　지장보살　지장보살
지장보살　지장보살　지장보살　지장보살
지장보살　지장보살　지장보살　지장보살

地藏菩薩　滅定業陀羅尼
지장보살 멸정업다라니　옴 바라 마니다니 사바하
옴 바라 마니다니 사바하　옴 바라 마니다니 사바하

地藏大星威神力
지장대성위신력　　대성이신 지장보살 크나크신 위신력은

恒河沙劫說難盡
항하사겁설난진　　항하사겁 설하여도 다설하지 못한다네

見聞瞻禮一念間
견문첨례일념간　　잠깐사이 지장보살 생각하고 예배하면

利益人天無量事
이익인천무량사　　그어떠한 이익보다 한량없고 거룩할새

故我一心歸命頂禮
고아일심귀명정례　　제가이제 일심으로 귀명예경 하나이다

51

南無 南方化主 大願本尊
나무 남방화주 대원본존

남방세계 교화하는 대원본존께
지극정성 기울여서 귀의합니다

지장보살　지장보살　지장보살　지장보살
지장보살　지장보살　지장보살　지장보살
지장보살　지장보살　지장보살　지장보살
지장보살　지장보살　지장보살　지장보살
지장보살　지장보살　지장보살　지장보살
지장보살　지장보살　지장보살　지장보살
지장보살　지장보살　지장보살　지장보살
지장보살　지장보살　지장보살　지장보살
지장보살　지장보살　지장보살　지장보살
지장보살　지장보살　지장보살　지장보살
지장보살　지장보살　지장보살　지장보살
지장보살　지장보살　지장보살　지장보살
지장보살　지장보살　지장보살　지장보살
지장보살　지장보살　지장보살　지장보살

지장보살   지장보살   지장보살   지장보살
지장보살   지장보살   지장보살   지장보살
지장보살   지장보살   지장보살   지장보살
지장보살   지장보살   지장보살   지장보살
지장보살   지장보살   지장보살   지장보살
지장보살   지장보살   지장보살   지장보살
지장보살   지장보살   지장보살   지장보살
지장보살   지장보살   지장보살   지장보살
지장보살   지장보살   지장보살   지장보살
지장보살   지장보살   지장보살   지장보살
지장보살   지장보살   지장보살   지장보살

地藏菩薩　滅定業陀羅尼
지장보살 멸정업다라니   옴 바라 마니다니 사바하
옴 바라 마니다니 사바하   옴 바라 마니다니 사바하

地藏大星威神力
지장대성위신력

恒河沙劫說難盡
항하사겁설난진

見聞瞻禮一念間
견문첨례일념간

利益人天無量事
이익인천무량사

故我一心歸命頂禮
고아일심귀명정례

대성이신 지장보살 크나크신 위신력은

항하사겁 설하여도 다설하지 못한다네

잠깐사이 지장보살 생각하고 예배하면

그어떠한 이익보다 한량없고 거룩할새

제가이제 일심으로 귀명예경 하나이다

· 명호사경 횟수 : 2300

南無 南方化主 大願本尊
나무 남방화주 대원본존

남방세계 교화하는 대원본존께
지극정성 기울여서 귀의합니다

지장보살　지장보살　지장보살　지장보살
지장보살　지장보살　지장보살　지장보살
지장보살　지장보살　지장보살　지장보살
지장보살　지장보살　지장보살　지장보살
지장보살　지장보살　지장보살　지장보살
지장보살　지장보살　지장보살　지장보살
지장보살　지장보살　지장보살　지장보살
지장보살　지장보살　지장보살　지장보살
지장보살　지장보살　지장보살　지장보살
지장보살　지장보살　지장보살　지장보살
지장보살　지장보살　지장보살　지장보살
지장보살　지장보살　지장보살　지장보살
지장보살　지장보살　지장보살　지장보살
지장보살　지장보살　지장보살　지장보살

지장보살　　지장보살　　지장보살　　지장보살

지장보살　　지장보살　　지장보살　　지장보살

지장보살　　지장보살　　지장보살　　지장보살

지장보살　　지장보살　　지장보살　　지장보살

지장보살　　지장보살　　지장보살　　지장보살

지장보살　　지장보살　　지장보살　　지장보살

지장보살　　지장보살　　지장보살　　지장보살

지장보살　　지장보살　　지장보살　　지장보살

지장보살　　지장보살　　지장보살　　지장보살

지장보살　　지장보살　　지장보살　　지장보살

지장보살　　지장보살　　지장보살　　지장보살

地藏菩薩　滅定業陀羅尼
지장보살 멸정업다라니　　옴 바라 마니다니 사바하
옴 바라 마니다니 사바하　　옴 바라 마니다니 사바하

地藏大聖威神力
지장대성위신력　　　　　대성이신 지장보살 크나크신 위신력은

恒河沙劫說難盡
항하사겁설난진　　　　　항하사겁 설하여도 다설하지 못한다네

見聞瞻禮一念間
견문첨례일념간　　　　　잠깐사이 지장보살 생각하고 예배하면

利益人天無量事
이익인천무량사　　　　　그어떠한 이익보다 한량없고 거룩할새

故我一心歸命頂禮
고아일심귀명정례　　　　제가이제 일심으로 귀명예경 하나이다

南無 南方化主 大願本尊　　남방세계 교화하는 대원본존께
나무 남방화주 대원본존　　지극정성 기울여서 귀의합니다

지장보살　　지장보살　　지장보살　　지장보살
지장보살　　지장보살　　지장보살　　지장보살
지장보살　　지장보살　　지장보살　　지장보살
지장보살　　지장보살　　지장보살　　지장보살
지장보살　　지장보살　　지장보살　　지장보살
지장보살　　지장보살　　지장보살　　지장보살
지장보살　　지장보살　　지장보살　　지장보살
지장보살　　지장보살　　지장보살　　지장보살
지장보살　　지장보살　　지장보살　　지장보살
지장보살　　지장보살　　지장보살　　지장보살
지장보살　　지장보살　　지장보살　　지장보살
지장보살　　지장보살　　지장보살　　지장보살
지장보살　　지장보살　　지장보살　　지장보살

지장보살　지장보살　지장보살　지장보살
지장보살　지장보살　지장보살　지장보살
지장보살　지장보살　지장보살　지장보살
지장보살　지장보살　지장보살　지장보살
지장보살　지장보살　지장보살　지장보살
지장보살　지장보살　지장보살　지장보살
지장보살　지장보살　지장보살　지장보살
지장보살　지장보살　지장보살　지장보살
지장보살　지장보살　지장보살　지장보살
지장보살　지장보살　지장보살　지장보살
지장보살　지장보살　지장보살　지장보살

地藏菩薩　滅定業陀羅尼
지장보살 멸정업다라니　옴 바라 마니다니 사바하
옴 바라 마니다니 사바하　옴 바라 마니다니 사바하

地藏大星威神力
지장대성위신력　　대성이신 지장보살 크나크신 위신력은

恒河沙劫說難盡
항하사겁설난진　　항하사겁 설하여도 다설하지 못한다네

見聞瞻禮一念間
견문첨례일념간　　잠깐사이 지장보살 생각하고 예배하면

利益人天無量事
이익인천무량사　　그어떠한 이익보다 한량없고 거룩할새

故我一心歸命頂禮
고아일심귀명정례　　제가이제 일심으로 귀명예경 하나이다

57

南無　南方化主　大願本尊
나무 남방화주 대원본존

남방세계 교화하는 대원본존께
지극정성 기울여서 귀의합니다

지장보살　　지장보살　　지장보살　　지장보살
지장보살　　지장보살　　지장보살　　지장보살
지장보살　　지장보살　　지장보살　　지장보살
지장보살　　지장보살　　지장보살　　지장보살
지장보살　　지장보살　　지장보살　　지장보살
지장보살　　지장보살　　지장보살　　지장보살
지장보살　　지장보살　　지장보살　　지장보살
지장보살　　지장보살　　지장보살　　지장보살
지장보살　　지장보살　　지장보살　　지장보살
지장보살　　지장보살　　지장보살　　지장보살
지장보살　　지장보살　　지장보살　　지장보살
지장보살　　지장보살　　지장보살　　지장보살
지장보살　　지장보살　　지장보살　　지장보살
지장보살　　지장보살　　지장보살　　지장보살

지장보살 지장보살 지장보살 지장보살
지장보살 지장보살 지장보살 지장보살
지장보살 지장보살 지장보살 지장보살
지장보살 지장보살 지장보살 지장보살
지장보살 지장보살 지장보살 지장보살
지장보살 지장보살 지장보살 지장보살
지장보살 지장보살 지장보살 지장보살
지장보살 지장보살 지장보살 지장보살
지장보살 지장보살 지장보살 지장보살
지장보살 지장보살 지장보살 지장보살
지장보살 지장보살 지장보살 지장보살

地藏菩薩　滅定業陀羅尼
지장보살 멸정업다라니   옴 바라 마니다니 사바하
옴 바라 마니다니 사바하   옴 바라 마니다니 사바하

地藏大星威神力
지장대성위신력

恒河沙劫說難盡
항하사겁설난진

見聞瞻禮一念間
견문첨례일념간

利益人天無量事
이익인천무량사

故我一心歸命頂禮
고아일심귀명정례

대성이신 지장보살 크나크신 위신력은

항하사겁 설하여도 다설하지 못한다네

잠깐사이 지장보살 생각하고 예배하면

그어떠한 이익보다 한량없고 거룩할새

제가이제 일심으로 귀명예경 하나이다

南無 南方化主 大願本尊　남방세계 교화하는 대원본존께
나무 남방화주 대원본존　지극정성 기울여서 귀의합니다

지장보살　지장보살　지장보살　지장보살
지장보살　지장보살　지장보살　지장보살
지장보살　지장보살　지장보살　지장보살
지장보살　지장보살　지장보살　지장보살
지장보살　지장보살　지장보살　지장보살
지장보살　지장보살　지장보살　지장보살
지장보살　지장보살　지장보살　지장보살
지장보살　지장보살　지장보살　지장보살
지장보살　지장보살　지장보살　지장보살
지장보살　지장보살　지장보살　지장보살
지장보살　지장보살　지장보살　지장보살
지장보살　지장보살　지장보살　지장보살
지장보살　지장보살　지장보살　지장보살
지장보살　지장보살　지장보살　지장보살

지장보살　지장보살　지장보살　지장보살

지장보살　지장보살　지장보살　지장보살

지장보살　지장보살　지장보살　지장보살

지장보살　지장보살　지장보살　지장보살

지장보살　지장보살　지장보살　지장보살

지장보살　지장보살　지장보살　지장보살

지장보살　지장보살　지장보살　지장보살

지장보살　지장보살　지장보살　지장보살

지장보살　지장보살　지장보살　지장보살

지장보살　지장보살　지장보살　지장보살

地藏菩薩　滅定業陀羅尼
지장보살 멸정업다라니　옴 바라 마니다니 사바하
옴 바라 마니다니 사바하　옴 바라 마니다니 사바하

地藏大星威神力
지장대성위신력　　대성이신 지장보살 크나크신 위신력은

恒河沙劫說難盡
항하사겁설난진　　항하사겁 설하여도 다설하지 못한다네

見聞瞻禮一念間
견문첨례일념간　　잠깐사이 지장보살 생각하고 예배하면

利益人天無量事
이익인천무량사　　그어떠한 이익보다 한량없고 거룩할새

故我一心歸命頂禮
고아일심귀명정례　　제가이제 일심으로 귀명예경 하나이다

南無　南方化主　大願本尊　　남방세계 교화하는 대원본존께
나무 남방화주 대원본존　　지극정성 기울여서 귀의합니다

지장보살　지장보살　지장보살　지장보살
지장보살　지장보살　지장보살　지장보살
지장보살　지장보살　지장보살　지장보살
지장보살　지장보살　지장보살　지장보살
지장보살　지장보살　지장보살　지장보살
지장보살　지장보살　지장보살　지장보살
지장보살　지장보살　지장보살　지장보살
지장보살　지장보살　지장보살　지장보살
지장보살　지장보살　지장보살　지장보살
지장보살　지장보살　지장보살　지장보살
지장보살　지장보살　지장보살　지장보살
지장보살　지장보살　지장보살　지장보살
지장보살　지장보살　지장보살　지장보살
지장보살　지장보살　지장보살　지장보살

지장보살　지장보살　지장보살　지장보살
지장보살　지장보살　지장보살　지장보살
지장보살　지장보살　지장보살　지장보살
지장보살　지장보살　지장보살　지장보살
지장보살　지장보살　지장보살　지장보살
지장보살　지장보살　지장보살　지장보살
지장보살　지장보살　지장보살　지장보살
지장보살　지장보살　지장보살　지장보살
지장보살　지장보살　지장보살　지장보살
지장보살　지장보살　지장보살　지장보살
지장보살　지장보살　지장보살　지장보살

地藏菩薩　滅定業陀羅尼
지장보살 멸정업다라니　옴 바라 마니다니 사바하
옴 바라 마니다니 사바하　옴 바라 마니다니 사바하

地藏大星威神力
지장대성위신력　　　대성이신 지장보살 크나크신 위신력은

恒河沙劫說難盡
항하사겁설난진　　　항하사겁 설하여도 다설하지 못한다네

見聞瞻禮一念間
견문첨례일념간　　　잠깐사이 지장보살 생각하고 예배하면

利益人天無量事
이익인천무량사　　　그어떠한 이익보다 한량없고 거룩할새

故我一心歸命頂禮
고아일심귀명정례　　　제가이제 일심으로 귀명예경 하나이다

南無 南方化主 大願本尊　　　남방세계 교화하는 대원본존께
나무 남방화주 대원본존　　　지극정성 기울여서 귀의합니다

지장보살　　지장보살　　지장보살　　지장보살
지장보살　　지장보살　　지장보살　　지장보살
지장보살　　지장보살　　지장보살　　지장보살
지장보살　　지장보살　　지장보살　　지장보살
지장보살　　지장보살　　지장보살　　지장보살
지장보살　　지장보살　　지장보살　　지장보살
지장보살　　지장보살　　지장보살　　지장보살
지장보살　　지장보살　　지장보살　　지장보살
지장보살　　지장보살　　지장보살　　지장보살
지장보살　　지장보살　　지장보살　　지장보살
지장보살　　지장보살　　지장보살　　지장보살
지장보살　　지장보살　　지장보살　　지장보살
지장보살　　지장보살　　지장보살　　지장보살
지장보살　　지장보살　　지장보살　　지장보살

지장보살　　지장보살　　지장보살　　지장보살

지장보살　　지장보살　　지장보살　　지장보살

지장보살　　지장보살　　지장보살　　지장보살

지장보살　　지장보살　　지장보살　　지장보살

지장보살　　지장보살　　지장보살　　지장보살

지장보살　　지장보살　　지장보살　　지장보살

지장보살　　지장보살　　지장보살　　지장보살

지장보살　　지장보살　　지장보살　　지장보살

지장보살　　지장보살　　지장보살　　지장보살

지장보살　　지장보살　　지장보살　　지장보살

지장보살　　지장보살　　지장보살　　지장보살

地藏菩薩　滅定業陀羅尼
지장보살 멸정업다라니　　옴 바라 마니다니 사바하
옴 바라 마니다니 사바하　　옴 바라 마니다니 사바하

地藏大星威神力
지장대성위신력　　　　대성이신 지장보살 크나크신 위신력은

恒河沙劫說難盡
항하사겁설난진　　　　항하사겁 설하여도 다설하지 못한다네

見聞瞻禮一念間
견문첨례일념간　　　　잠깐사이 지장보살 생각하고 예배하면

利益人天無量事
이익인천무량사　　　　그어떠한 이익보다 한량없고 거룩할새

故我一心歸命頂禮
고아일심귀명정례　　　제가이제 일심으로 귀명예경 하나이다

南無 南方化主 大願本尊
나무 남방화주 대원본존

남방세계 교화하는 대원본존께
지극정성 기울여서 귀의합니다

지장보살 지장보살 지장보살 지장보살
지장보살 지장보살 지장보살 지장보살
지장보살 지장보살 지장보살 지장보살
지장보살 지장보살 지장보살 지장보살
지장보살 지장보살 지장보살 지장보살
지장보살 지장보살 지장보살 지장보살
지장보살 지장보살 지장보살 지장보살
지장보살 지장보살 지장보살 지장보살
지장보살 지장보살 지장보살 지장보살
지장보살 지장보살 지장보살 지장보살
지장보살 지장보살 지장보살 지장보살
지장보살 지장보살 지장보살 지장보살
지장보살 지장보살 지장보살 지장보살
지장보살 지장보살 지장보살 지장보살

지장보살　지장보살　지장보살　지장보살
지장보살　지장보살　지장보살　지장보살
지장보살　지장보살　지장보살　지장보살
지장보살　지장보살　지장보살　지장보살
지장보살　지장보살　지장보살　지장보살
지장보살　지장보살　지장보살　지장보살
지장보살　지장보살　지장보살　지장보살
지장보살　지장보살　지장보살　지장보살
지장보살　지장보살　지장보살　지장보살
지장보살　지장보살　지장보살　지장보살
지장보살　지장보살　지장보살　지장보살

地藏菩薩　滅定業陀羅尼
지장보살 멸정업다라니　옴 바라 마니다니 사바하
옴 바라 마니다니 사바하　옴 바라 마니다니 사바하

地藏大星威神力
지장대성위신력

恒河沙劫說難盡
항하사겁설난진

見聞瞻禮一念間
견문첨례일념간

利益人天無量事
이익인천무량사

故我一心歸命頂禮
고아일심귀명정례

대성이신 지장보살 크나크신 위신력은

항하사겁 설하여도 다설하지 못한다네

잠깐사이 지장보살 생각하고 예배하면

그어떠한 이익보다 한량없고 거룩할새

제가이제 일심으로 귀명예경 하나이다

南無　南方化主　大願本尊
나무 남방화주 대원본존

남방세계 교화하는 대원본존께
지극정성 기울여서 귀의합니다

지장보살　　지장보살　　지장보살　　지장보살
지장보살　　지장보살　　지장보살　　지장보살
지장보살　　지장보살　　지장보살　　지장보살
지장보살　　지장보살　　지장보살　　지장보살
지장보살　　지장보살　　지장보살　　지장보살
지장보살　　지장보살　　지장보살　　지장보살
지장보살　　지장보살　　지장보살　　지장보살
지장보살　　지장보살　　지장보살　　지장보살
지장보살　　지장보살　　지장보살　　지장보살
지장보살　　지장보살　　지장보살　　지장보살
지장보살　　지장보살　　지장보살　　지장보살
지장보살　　지장보살　　지장보살　　지장보살
지장보살　　지장보살　　지장보살　　지장보살
지장보살　　지장보살　　지장보살　　지장보살

지장보살　지장보살　지장보살　지장보살
지장보살　지장보살　지장보살　지장보살
지장보살　지장보살　지장보살　지장보살
지장보살　지장보살　지장보살　지장보살
지장보살　지장보살　지장보살　지장보살
지장보살　지장보살　지장보살　지장보살
지장보살　지장보살　지장보살　지장보살
지장보살　지장보살　지장보살　지장보살
지장보살　지장보살　지장보살　지장보살
지장보살　지장보살　지장보살　지장보살
지장보살　지장보살　지장보살　지장보살

地藏菩薩　滅定業陀羅尼
지장보살 멸정업다라니　옴 바라 마니다니 사바하
옴 바라 마니다니 사바하　옴 바라 마니다니 사바하

地藏大星威神力
지장대성위신력　　대성이신 지장보살 크나크신 위신력은

恒河沙劫說難盡
항하사겁설난진　　항하사겁 설하여도 다설하지 못한다네

見聞瞻禮一念間
견문첨례일념간　　잠깐사이 지장보살 생각하고 예배하면

利益人天無量事
이익인천무량사　　그어떠한 이익보다 한량없고 거룩할새

故我一心歸命頂禮
고아일심귀명정례　　제가이제 일심으로 귀명예경 하나이다

69

南無　南方化主　大願本尊
나무　남방화주　대원본존

남방세계 교화하는 대원본존께
지극정성 기울여서 귀의합니다

지장보살	지장보살	지장보살	지장보살
지장보살	지장보살	지장보살	지장보살
지장보살	지장보살	지장보살	지장보살
지장보살	지장보살	지장보살	지장보살
지장보살	지장보살	지장보살	지장보살
지장보살	지장보살	지장보살	지장보살
지장보살	지장보살	지장보살	지장보살
지장보살	지장보살	지장보살	지장보살
지장보살	지장보살	지장보살	지장보살
지장보살	지장보살	지장보살	지장보살
지장보살	지장보살	지장보살	지장보살
지장보살	지장보살	지장보살	지장보살
지장보살	지장보살	지장보살	지장보살
지장보살	지장보살	지장보살	지장보살

지장보살　지장보살　지장보살　지장보살
지장보살　지장보살　지장보살　지장보살
지장보살　지장보살　지장보살　지장보살
지장보살　지장보살　지장보살　지장보살
지장보살　지장보살　지장보살　지장보살
지장보살　지장보살　지장보살　지장보살
지장보살　지장보살　지장보살　지장보살
지장보살　지장보살　지장보살　지장보살
지장보살　지장보살　지장보살　지장보살
지장보살　지장보살　지장보살　지장보살
지장보살　지장보살　지장보살　지장보살

地藏菩薩　滅定業陀羅尼
지장보살 멸정업다라니　옴 바라 마니다니 사바하
옴 바라 마니다니 사바하　옴 바라 마니다니 사바하

地藏大星威神力
지장대성위신력　　대성이신 지장보살 크나크신 위신력은

恒河沙劫說難盡
항하사겁설난진　　항하사겁 설하여도 다설하지 못한다네

見聞瞻禮一念間
견문첨례일념간　　잠깐사이 지장보살 생각하고 예배하면

利益人天無量事
이익인천무량사　　그어떠한 이익보다 한량없고 거룩할새

故我一心歸命頂禮
고아일심귀명정례　　제가이제 일심으로 귀명예경 하나이다

南無　南方化主　大願本尊
나무 남방화주 대원본존

남방세계 교화하는 대원본존께
지극정성 기울여서 귀의합니다

지장보살　지장보살　지장보살　지장보살
지장보살　지장보살　지장보살　지장보살
지장보살　지장보살　지장보살　지장보살
지장보살　지장보살　지장보살　지장보살
지장보살　지장보살　지장보살　지장보살
지장보살　지장보살　지장보살　지장보살
지장보살　지장보살　지장보살　지장보살
지장보살　지장보살　지장보살　지장보살
지장보살　지장보살　지장보살　지장보살
지장보살　지장보살　지장보살　지장보살
지장보살　지장보살　지장보살　지장보살
지장보살　지장보살　지장보살　지장보살
지장보살　지장보살　지장보살　지장보살
지장보살　지장보살　지장보살　지장보살

지장보살 　지장보살 　지장보살 　지장보살
지장보살 　지장보살 　지장보살 　지장보살
지장보살 　지장보살 　지장보살 　지장보살
지장보살 　지장보살 　지장보살 　지장보살
지장보살 　지장보살 　지장보살 　지장보살
지장보살 　지장보살 　지장보살 　지장보살
지장보살 　지장보살 　지장보살 　지장보살
지장보살 　지장보살 　지장보살 　지장보살
지장보살 　지장보살 　지장보살 　지장보살
지장보살 　지장보살 　지장보살 　지장보살

地藏菩薩　滅定業陀羅尼
지장보살 멸정업다라니　옴 바라 마니다니 사바하
옴 바라 마니다니 사바하　옴 바라 마니다니 사바하

地藏大星威神力
지장대성위신력　　대성이신 지장보살 크나크신 위신력은

恒河沙劫說難盡
항하사겁설난진　　항하사겁 설하여도 다설하지 못한다네

見聞瞻禮一念間
견문첨례일념간　　잠깐사이 지장보살 생각하고 예배하면

利益人天無量事
이익인천무량사　　그어떠한 이익보다 한량없고 거룩할새

故我一心歸命頂禮
고아일심귀명정례　　제가이제 일심으로 귀명예경 하나이다

73

南無　南方化主　大願本尊　　남방세계 교화하는 대원본존께
나무 남방화주 대원본존　지극정성 기울여서 귀의합니다

지장보살　지장보살　지장보살　지장보살
지장보살　지장보살　지장보살　지장보살
지장보살　지장보살　지장보살　지장보살
지장보살　지장보살　지장보살　지장보살
지장보살　지장보살　지장보살　지장보살
지장보살　지장보살　지장보살　지장보살
지장보살　지장보살　지장보살　지장보살
지장보살　지장보살　지장보살　지장보살
지장보살　지장보살　지장보살　지장보살
지장보살　지장보살　지장보살　지장보살
지장보살　지장보살　지장보살　지장보살
지장보살　지장보살　지장보살　지장보살
지장보살　지장보살　지장보살　지장보살

지장보살　　지장보살　　지장보살　　지장보살

지장보살　　지장보살　　지장보살　　지장보살

지장보살　　지장보살　　지장보살　　지장보살

지장보살　　지장보살　　지장보살　　지장보살

지장보살　　지장보살　　지장보살　　지장보살

지장보살　　지장보살　　지장보살　　지장보살

지장보살　　지장보살　　지장보살　　지장보살

지장보살　　지장보살　　지장보살　　지장보살

지장보살　　지장보살　　지장보살　　지장보살

지장보살　　지장보살　　지장보살　　지장보살

地藏菩薩　　滅定業陀羅尼
지장보살 멸정업다라니　　옴 바라 마니다니 사바하
옴 바라 마니다니 사바하　　옴 바라 마니다니 사바하

地藏大星威神力
지장대성위신력　　　　　대성이신 지장보살 크나크신 위신력은

恒河沙劫說難盡
항하사겁설난진　　　　　항하사겁 설하여도 다설하지 못한다네

見聞瞻禮一念間
견문첨례일념간　　　　　잠깐사이 지장보살 생각하고 예배하면

利益人天無量事
이익인천무량사　　　　　그어떠한 이익보다 한량없고 거룩할새

故我一心歸命頂禮
고아일심귀명정례　　　　제가이제 일심으로 귀명예경 하나이다

75　　　　　　　　　　　　　· 명호사경 횟수 : 3400

南無 南方化主 大願本尊　　남방세계 교화하는 대원본존께
나무 남방화주 대원본존　　지극정성 기울여서 귀의합니다

지장보살　지장보살　지장보살　지장보살
지장보살　지장보살　지장보살　지장보살
지장보살　지장보살　지장보살　지장보살
지장보살　지장보살　지장보살　지장보살
지장보살　지장보살　지장보살　지장보살
지장보살　지장보살　지장보살　지장보살
지장보살　지장보살　지장보살　지장보살
지장보살　지장보살　지장보살　지장보살
지장보살　지장보살　지장보살　지장보살
지장보살　지장보살　지장보살　지장보살
지장보살　지장보살　지장보살　지장보살
지장보살　지장보살　지장보살　지장보살
지장보살　지장보살　지장보살　지장보살
지장보살　지장보살　지장보살　지장보살

지장보살　지장보살　지장보살　지장보살
지장보살　지장보살　지장보살　지장보살
지장보살　지장보살　지장보살　지장보살
지장보살　지장보살　지장보살　지장보살
지장보살　지장보살　지장보살　지장보살
지장보살　지장보살　지장보살　지장보살
지장보살　지장보살　지장보살　지장보살
지장보살　지장보살　지장보살　지장보살
지장보살　지장보살　지장보살　지장보살
지장보살　지장보살　지장보살　지장보살
지장보살　지장보살　지장보살　지장보살

地藏菩薩　滅定業陀羅尼
지장보살 멸정업다라니　옴 바라 마니다니 사바하
옴 바라 마니다니 사바하　옴 바라 마니다니 사바하

地藏大星威神力
지장대성위신력　　대성이신 지장보살 크나크신 위신력은

恒河沙劫說難盡
항하사겁설난진　　항하사겁 설하여도 다설하지 못한다네

見聞瞻禮一念間
견문첨례일념간　　잠깐사이 지장보살 생각하고 예배하면

利益人天無量事
이익인천무량사　　그어떠한 이익보다 한량없고 거룩할새

故我一心歸命頂禮
고아일심귀명정례　　제가이제 일심으로 귀명예경 하나이다

　· 명호사경 횟수 : 3500

南無　南方化主　大願本尊　　남방세계 교화하는 대원본존께
나무 남방화주 대원본존　　지극정성 기울여서 귀의합니다

지장보살　　지장보살　　지장보살　　지장보살
지장보살　　지장보살　　지장보살　　지장보살
지장보살　　지장보살　　지장보살　　지장보살
지장보살　　지장보살　　지장보살　　지장보살
지장보살　　지장보살　　지장보살　　지장보살
지장보살　　지장보살　　지장보살　　지장보살
지장보살　　지장보살　　지장보살　　지장보살
지장보살　　지장보살　　지장보살　　지장보살
지장보살　　지장보살　　지장보살　　지장보살
지장보살　　지장보살　　지장보살　　지장보살
지장보살　　지장보살　　지장보살　　지장보살
지장보살　　지장보살　　지장보살　　지장보살
지장보살　　지장보살　　지장보살　　지장보살

지장보살　지장보살　지장보살　지장보살
지장보살　지장보살　지장보살　지장보살
지장보살　지장보살　지장보살　지장보살
지장보살　지장보살　지장보살　지장보살
지장보살　지장보살　지장보살　지장보살
지장보살　지장보살　지장보살　지장보살
지장보살　지장보살　지장보살　지장보살
지장보살　지장보살　지장보살　지장보살
지장보살　지장보살　지장보살　지장보살
지장보살　지장보살　지장보살　지장보살

地藏菩薩　滅定業陀羅尼
지장보살 멸정업다라니　옴 바라 마니다니 사바하
옴 바라 마니다니 사바하　옴 바라 마니다니 사바하

地藏大星威神力
지장대성위신력　　대성이신 지장보살 크나크신 위신력은

恒河沙劫說難盡
항하사겁설난진　　항하사겁 설하여도 다설하지 못한다네

見聞瞻禮一念間
견문첨례일념간　　잠깐사이 지장보살 생각하고 예배하면

利益人天無量事
이익인천무량사　　그어떠한 이익보다 한량없고 거룩할새

故我一心歸命頂禮
고아일심귀명정례　　제가이제 일심으로 귀명예경 하나이다

　· 명호사경 횟수 : 3600

南無 南方化主 大願本尊
나무 남방화주 대원본존

남방세계 교화하는 대원본존께
지극정성 기울여서 귀의합니다

지장보살　지장보살　지장보살　지장보살
지장보살　지장보살　지장보살　지장보살
지장보살　지장보살　지장보살　지장보살
지장보살　지장보살　지장보살　지장보살
지장보살　지장보살　지장보살　지장보살
지장보살　지장보살　지장보살　지장보살
지장보살　지장보살　지장보살　지장보살
지장보살　지장보살　지장보살　지장보살
지장보살　지장보살　지장보살　지장보살
지장보살　지장보살　지장보살　지장보살
지장보살　지장보살　지장보살　지장보살
지장보살　지장보살　지장보살　지장보살
지장보살　지장보살　지장보살　지장보살
지장보살　지장보살　지장보살　지장보살

지장보살　　지장보살　　지장보살　　지장보살
지장보살　　지장보살　　지장보살　　지장보살
지장보살　　지장보살　　지장보살　　지장보살
지장보살　　지장보살　　지장보살　　지장보살
지장보살　　지장보살　　지장보살　　지장보살
지장보살　　지장보살　　지장보살　　지장보살
지장보살　　지장보살　　지장보살　　지장보살
지장보살　　지장보살　　지장보살　　지장보살
지장보살　　지장보살　　지장보살　　지장보살
지장보살　　지장보살　　지장보살　　지장보살
지장보살　　지장보살　　지장보살　　지장보살

地藏菩薩　　滅定業陀羅尼
지장보살 멸정업다라니　　옴 바라 마니다니 사바하
옴 바라 마니다니 사바하　　옴 바라 마니다니 사바하

地藏大星威神力
지장대성위신력　　　　대성이신 지장보살 크나크신 위신력은

恒河沙劫說難盡
항하사겁설난진　　　　항하사겁 설하여도 다설하지 못한다네

見聞瞻禮一念間
견문첨례일념간　　　　잠깐사이 지장보살 생각하고 예배하면

利益人天無量事
이익인천무량사　　　　그어떠한 이익보다 한량없고 거룩할새

故我一心歸命頂禮
고아일심귀명정례　　　제가이제 일심으로 귀명예경 하나이다

南無　南方化主　大願本尊　　남방세계 교화하는 대원본존께
나무 남방화주 대원본존　　지극정성 기울여서 귀의합니다

지장보살　지장보살　지장보살　지장보살
지장보살　지장보살　지장보살　지장보살
지장보살　지장보살　지장보살　지장보살
지장보살　지장보살　지장보살　지장보살
지장보살　지장보살　지장보살　지장보살
지장보살　지장보살　지장보살　지장보살
지장보살　지장보살　지장보살　지장보살
지장보살　지장보살　지장보살　지장보살
지장보살　지장보살　지장보살　지장보살
지장보살　지장보살　지장보살　지장보살
지장보살　지장보살　지장보살　지장보살
지장보살　지장보살　지장보살　지장보살
지장보살　지장보살　지장보살　지장보살
지장보살　지장보살　지장보살　지장보살

지장보살　지장보살　지장보살　지장보살
지장보살　지장보살　지장보살　지장보살
지장보살　지장보살　지장보살　지장보살
지장보살　지장보살　지장보살　지장보살
지장보살　지장보살　지장보살　지장보살
지장보살　지장보살　지장보살　지장보살
지장보살　지장보살　지장보살　지장보살
지장보살　지장보살　지장보살　지장보살
지장보살　지장보살　지장보살　지장보살
지장보살　지장보살　지장보살　지장보살
지장보살　지장보살　지장보살　지장보살

地 藏 菩 薩　　滅 定 業 陀 羅 尼
지장보살 멸정업다라니　옴 바라 마니다니 사바하
옴 바라 마니다니 사바하　옴 바라 마니다니 사바하

地 藏 大 星 威 神 力
지장대성위신력　　　　대성이신 지장보살 크나크신 위신력은

恒 河 沙 劫 說 難 盡
항하사겁설난진　　　　항하사겁 설하여도 다설하지 못한다네

見 聞 瞻 禮 一 念 間
견문첨례일념간　　　　잠깐사이 지장보살 생각하고 예배하면

利 益 人 天 無 量 事
이익인천무량사　　　　그어떠한 이익보다 한량없고 거룩할새

故 我 一 心 歸 命 頂 禮
고아일심귀명정례　　　제가이제 일심으로 귀명예경 하나이다

· 명호사경 횟수 : 3800

南無 南方化主 大願本尊　　남방세계 교화하는 대원본존께
나무 남방화주 대원본존　　지극정성 기울여서 귀의합니다

지장보살	지장보살	지장보살	지장보살
지장보살	지장보살	지장보살	지장보살
지장보살	지장보살	지장보살	지장보살
지장보살	지장보살	지장보살	지장보살
지장보살	지장보살	지장보살	지장보살
지장보살	지장보살	지장보살	지장보살
지장보살	지장보살	지장보살	지장보살
지장보살	지장보살	지장보살	지장보살
지장보살	지장보살	지장보살	지장보살
지장보살	지장보살	지장보살	지장보살
지장보살	지장보살	지장보살	지장보살
지장보살	지장보살	지장보살	지장보살
지장보살	지장보살	지장보살	지장보살
지장보살	지장보살	지장보살	지장보살

지장보살 지장보살 지장보살 지장보살
지장보살 지장보살 지장보살 지장보살
지장보살 지장보살 지장보살 지장보살
지장보살 지장보살 지장보살 지장보살
지장보살 지장보살 지장보살 지장보살
지장보살 지장보살 지장보살 지장보살
지장보살 지장보살 지장보살 지장보살
지장보살 지장보살 지장보살 지장보살
지장보살 지장보살 지장보살 지장보살
지장보살 지장보살 지장보살 지장보살
지장보살 지장보살 지장보살 지장보살

地 藏 菩 薩　　滅 定 業 陀 羅 尼
지장보살 멸정업다라니 옴 바라 마니다니 사바하
옴 바라 마니다니 사바하 옴 바라 마니다니 사바하

地 藏 大 星 威 神 力
지장대성위신력

恒 河 沙 劫 說 難 盡
항하사겁설난진

見 聞 瞻 禮 一 念 間
견문첨례일념간

利 益 人 天 無 量 事
이익인천무량사

故 我 一 心 歸 命 頂 禮
고아일심귀명정례

대성이신 지장보살 크나크신 위신력은

항하사겁 설하여도 다설하지 못한다네

잠깐사이 지장보살 생각하고 예배하면

그어떠한 이익보다 한량없고 거룩할새

제가이제 일심으로 귀명예경 하나이다

· 명호사경 횟수 : 3900

南無 南方化主 大願本尊
나무 남방화주 대원본존

남방세계 교화하는 대원본존께
지극정성 기울여서 귀의합니다

지장보살 　지장보살 　지장보살 　지장보살
지장보살 　지장보살 　지장보살 　지장보살
지장보살 　지장보살 　지장보살 　지장보살
지장보살 　지장보살 　지장보살 　지장보살
지장보살 　지장보살 　지장보살 　지장보살
지장보살 　지장보살 　지장보살 　지장보살
지장보살 　지장보살 　지장보살 　지장보살
지장보살 　지장보살 　지장보살 　지장보살
지장보살 　지장보살 　지장보살 　지장보살
지장보살 　지장보살 　지장보살 　지장보살
지장보살 　지장보살 　지장보살 　지장보살
지장보살 　지장보살 　지장보살 　지장보살
지장보살 　지장보살 　지장보살 　지장보살
지장보살 　지장보살 　지장보살 　지장보살

지장보살　　지장보살　　지장보살　　지장보살

지장보살　　지장보살　　지장보살　　지장보살

지장보살　　지장보살　　지장보살　　지장보살

지장보살　　지장보살　　지장보살　　지장보살

지장보살　　지장보살　　지장보살　　지장보살

지장보살　　지장보살　　지장보살　　지장보살

지장보살　　지장보살　　지장보살　　지장보살

지장보살　　지장보살　　지장보살　　지장보살

지장보살　　지장보살　　지장보살　　지장보살

지장보살　　지장보살　　지장보살　　지장보살

지장보살　　지장보살　　지장보살　　지장보살

地藏菩薩　滅定業陀羅尼
지장보살 멸정업다라니　　옴 바라 마니다니 사바하
옴 바라 마니다니 사바하　　옴 바라 마니다니 사바하

地藏大星威神力
지장대성위신력　　　대성이신 지장보살 크나크신 위신력은

恒河沙劫說難盡
항하사겁설난진　　　항하사겁 설하여도 다설하지 못한다네

見聞瞻禮一念間
견문첨례일념간　　　잠깐사이 지장보살 생각하고 예배하면

利益人天無量事
이익인천무량사　　　그어떠한 이익보다 한량없고 거룩할새

故我一心歸命頂禮
고아일심귀명정례　　제가이제 일심으로 귀명예경 하나이다

南無　南方化主　大願本尊 南방세계 교화하는 대원본존께
나무 남방화주 대원본존 지극정성 기울여서 귀의합니다

지장보살　지장보살　지장보살　지장보살
지장보살　지장보살　지장보살　지장보살
지장보살　지장보살　지장보살　지장보살
지장보살　지장보살　지장보살　지장보살
지장보살　지장보살　지장보살　지장보살
지장보살　지장보살　지장보살　지장보살
지장보살　지장보살　지장보살　지장보살
지장보살　지장보살　지장보살　지장보살
지장보살　지장보살　지장보살　지장보살
지장보살　지장보살　지장보살　지장보살
지장보살　지장보살　지장보살　지장보살
지장보살　지장보살　지장보살　지장보살
지장보살　지장보살　지장보살　지장보살
지장보살　지장보살　지장보살　지장보살

지장보살　지장보살　지장보살　지장보살
지장보살　지장보살　지장보살　지장보살
지장보살　지장보살　지장보살　지장보살
지장보살　지장보살　지장보살　지장보살
지장보살　지장보살　지장보살　지장보살
지장보살　지장보살　지장보살　지장보살
지장보살　지장보살　지장보살　지장보살
지장보살　지장보살　지장보살　지장보살
지장보살　지장보살　지장보살　지장보살
지장보살　지장보살　지장보살　지장보살

地藏菩薩　滅定業陀羅尼
지장보살 멸정업다라니　옴 바라 마니다니 사바하
옴 바라 마니다니 사바하　옴 바라 마니다니 사바하

地藏大星威神力
지장대성위신력　　대성이신 지장보살 크나크신 위신력은

恒河沙劫說難盡
항하사겁설난진　　항하사겁 설하여도 다설하지 못한다네

見聞瞻禮一念間
견문첨례일념간　　잠깐사이 지장보살 생각하고 예배하면

利益人天無量事
이익인천무량사　　그어떠한 이익보다 한량없고 거룩할새

故我一心歸命頂禮
고아일심귀명정례　　제가이제 일심으로 귀명예경 하나이다

南無　南方化主　大願本尊
나무 남방화주 대원본존

남방세계 교화하는 대원본존께
지극정성 기울여서 귀의합니다

지장보살　　지장보살　　지장보살　　지장보살
지장보살　　지장보살　　지장보살　　지장보살
지장보살　　지장보살　　지장보살　　지장보살
지장보살　　지장보살　　지장보살　　지장보살
지장보살　　지장보살　　지장보살　　지장보살
지장보살　　지장보살　　지장보살　　지장보살
지장보살　　지장보살　　지장보살　　지장보살
지장보살　　지장보살　　지장보살　　지장보살
지장보살　　지장보살　　지장보살　　지장보살
지장보살　　지장보살　　지장보살　　지장보살
지장보살　　지장보살　　지장보살　　지장보살
지장보살　　지장보살　　지장보살　　지장보살
지장보살　　지장보살　　지장보살　　지장보살
지장보살　　지장보살　　지장보살　　지장보살

지장보살　지장보살　지장보살　지장보살
지장보살　지장보살　지장보살　지장보살
지장보살　지장보살　지장보살　지장보살
지장보살　지장보살　지장보살　지장보살
지장보살　지장보살　지장보살　지장보살
지장보살　지장보살　지장보살　지장보살
지장보살　지장보살　지장보살　지장보살
지장보살　지장보살　지장보살　지장보살
지장보살　지장보살　지장보살　지장보살
지장보살　지장보살　지장보살　지장보살
지장보살　지장보살　지장보살　지장보살

地藏菩薩　滅定業陀羅尼
지장보살 멸정업다라니　　옴 바라 마니다니 사바하
옴 바라 마니다니 사바하　옴 바라 마니다니 사바하

地藏大星威神力
지장대성위신력　　　　대성이신 지장보살 크나크신 위신력은

恒河沙劫說難盡
항하사겁설난진　　　　항하사겁 설하여도 다설하지 못한다네

見聞瞻禮一念間
견문첨례일념간　　　　잠깐사이 지장보살 생각하고 예배하면

利益人天無量事
이익인천무량사　　　　그어떠한 이익보다 한량없고 거룩할새

故我一心歸命頂禮
고아일심귀명정례　　　제가이제 일심으로 귀명예경 하나이다

91　　　　　　　　· 명호사경 횟수 : 4200

南無　南方化主　大願本尊
나무 남방화주 대원본존

남방세계 교화하는 대원본존께
지극정성 기울여서 귀의합니다

지장보살　지장보살　지장보살　지장보살
지장보살　지장보살　지장보살　지장보살
지장보살　지장보살　지장보살　지장보살
지장보살　지장보살　지장보살　지장보살
지장보살　지장보살　지장보살　지장보살
지장보살　지장보살　지장보살　지장보살
지장보살　지장보살　지장보살　지장보살
지장보살　지장보살　지장보살　지장보살
지장보살　지장보살　지장보살　지장보살
지장보살　지장보살　지장보살　지장보살
지장보살　지장보살　지장보살　지장보살
지장보살　지장보살　지장보살　지장보살
지장보살　지장보살　지장보살　지장보살

지장보살　　지장보살　　지장보살　　지장보살

지장보살　　지장보살　　지장보살　　지장보살

지장보살　　지장보살　　지장보살　　지장보살

지장보살　　지장보살　　지장보살　　지장보살

지장보살　　지장보살　　지장보살　　지장보살

지장보살　　지장보살　　지장보살　　지장보살

지장보살　　지장보살　　지장보살　　지장보살

지장보살　　지장보살　　지장보살　　지장보살

지장보살　　지장보살　　지장보살　　지장보살

지장보살　　지장보살　　지장보살　　지장보살

지장보살　　지장보살　　지장보살　　지장보살

地 藏 菩 薩　　滅 定 業 陀 羅 尼
지장보살 멸정업다라니　　옴 바라 마니다니 사바하
옴 바라 마니다니 사바하　　옴 바라 마니다니 사바하

地 藏 大 星 威 神 力
지장대성위신력　　　　대성이신 지장보살 크나크신 위신력은

恒 河 沙 劫 說 難 盡
항하사겁설난진　　　　항하사겁 설하여도 다설하지 못한다네

見 聞 瞻 禮 一 念 間
견문첨례일념간　　　　잠깐사이 지장보살 생각하고 예배하면

利 益 人 天 無 量 事
이익인천무량사　　　　그어떠한 이익보다 한량없고 거룩할새

故 我 一 心 歸 命 頂 禮
고아일심귀명정례　　　제가이제 일심으로 귀명예경 하나이다

南無 南方化主 大願本尊
나무 남방화주 대원본존

남방세계 교화하는 대원본존께
지극정성 기울여서 귀의합니다

지장보살 지장보살 지장보살 지장보살
지장보살 지장보살 지장보살 지장보살
지장보살 지장보살 지장보살 지장보살
지장보살 지장보살 지장보살 지장보살
지장보살 지장보살 지장보살 지장보살
지장보살 지장보살 지장보살 지장보살
지장보살 지장보살 지장보살 지장보살
지장보살 지장보살 지장보살 지장보살
지장보살 지장보살 지장보살 지장보살
지장보살 지장보살 지장보살 지장보살
지장보살 지장보살 지장보살 지장보살
지장보살 지장보살 지장보살 지장보살
지장보살 지장보살 지장보살 지장보살
지장보살 지장보살 지장보살 지장보살

지장보살　지장보살　지장보살　지장보살
지장보살　지장보살　지장보살　지장보살
지장보살　지장보살　지장보살　지장보살
지장보살　지장보살　지장보살　지장보살
지장보살　지장보살　지장보살　지장보살
지장보살　지장보살　지장보살　지장보살
지장보살　지장보살　지장보살　지장보살
지장보살　지장보살　지장보살　지장보살
지장보살　지장보살　지장보살　지장보살
지장보살　지장보살　지장보살　지장보살
지장보살　지장보살　지장보살　지장보살

地藏菩薩　滅定業陀羅尼
지장보살 멸정업다라니　옴 바라 마니다니 사바하
옴 바라 마니다니 사바하　옴 바라 마니다니 사바하

地藏大星威神力
지장대성위신력　　　　대성이신 지장보살 크나크신 위신력은

恒河沙劫說難盡
항하사겁설난진　　　　항하사겁 설하여도 다설하지 못한다네

見聞瞻禮一念間
견문첨례일념간　　　　잠깐사이 지장보살 생각하고 예배하면

利益人天無量事
이익인천무량사　　　　그어떠한 이익보다 한량없고 거룩할새

故我一心歸命頂禮
고아일심귀명정례　　　제가이제 일심으로 귀명예경 하나이다

95　　　　　　　　　· 명호사경 횟수 : 4400

南無 南方化主 大願本尊
나무 남방화주 대원본존

남방세계 교화하는 대원본존께
지극정성 기울여서 귀의합니다

지장보살　지장보살　지장보살　지장보살
지장보살　지장보살　지장보살　지장보살
지장보살　지장보살　지장보살　지장보살
지장보살　지장보살　지장보살　지장보살
지장보살　지장보살　지장보살　지장보살
지장보살　지장보살　지장보살　지장보살
지장보살　지장보살　지장보살　지장보살
지장보살　지장보살　지장보살　지장보살
지장보살　지장보살　지장보살　지장보살
지장보살　지장보살　지장보살　지장보살
지장보살　지장보살　지장보살　지장보살
지장보살　지장보살　지장보살　지장보살
지장보살　지장보살　지장보살　지장보살
지장보살　지장보살　지장보살　지장보살

지장보살　지장보살　지장보살　지장보살
지장보살　지장보살　지장보살　지장보살
지장보살　지장보살　지장보살　지장보살
지장보살　지장보살　지장보살　지장보살
지장보살　지장보살　지장보살　지장보살
지장보살　지장보살　지장보살　지장보살
지장보살　지장보살　지장보살　지장보살
지장보살　지장보살　지장보살　지장보살
지장보살　지장보살　지장보살　지장보살
지장보살　지장보살　지장보살　지장보살
지장보살　지장보살　지장보살　지장보살

地藏菩薩　滅定業陀羅尼

지장보살 멸정업다라니　옴 바라 마니다니 사바하
옴 바라 마니다니 사바하　옴 바라 마니다니 사바하

地藏大星威神力
지장대성위신력

恒河沙劫說難盡
항하사겁설난진

見聞瞻禮一念間
견문첨례일념간

利益人天無量事
이익인천무량사

故我一心歸命頂禮
고아일심귀명정례

대성이신 지장보살 크나크신 위신력은

항하사겁 설하여도 다설하지 못한다네

잠깐사이 지장보살 생각하고 예배하면

그어떠한 이익보다 한량없고 거룩할새

제가이제 일심으로 귀명예경 하나이다

· 명호사경 횟수 : 4500

南無　南方化主　大願本尊　　남방세계 교화하는 대원본존께
나무 남방화주 대원본존　　지극정성 기울여서 귀의합니다

지장보살　　지장보살　　지장보살　　지장보살
지장보살　　지장보살　　지장보살　　지장보살
지장보살　　지장보살　　지장보살　　지장보살
지장보살　　지장보살　　지장보살　　지장보살
지장보살　　지장보살　　지장보살　　지장보살
지장보살　　지장보살　　지장보살　　지장보살
지장보살　　지장보살　　지장보살　　지장보살
지장보살　　지장보살　　지장보살　　지장보살
지장보살　　지장보살　　지장보살　　지장보살
지장보살　　지장보살　　지장보살　　지장보살
지장보살　　지장보살　　지장보살　　지장보살
지장보살　　지장보살　　지장보살　　지장보살
지장보살　　지장보살　　지장보살　　지장보살
지장보살　　지장보살　　지장보살　　지장보살

지장보살　지장보살　지장보살　지장보살

지장보살　지장보살　지장보살　지장보살

지장보살　지장보살　지장보살　지장보살

지장보살　지장보살　지장보살　지장보살

지장보살　지장보살　지장보살　지장보살

지장보살　지장보살　지장보살　지장보살

지장보살　지장보살　지장보살　지장보살

지장보살　지장보살　지장보살　지장보살

지장보살　지장보살　지장보살　지장보살

地藏菩薩　滅定業陀羅尼
지장보살 멸정업다라니　옴 바라 마니다니 사바하
옴 바라 마니다니 사바하　옴 바라 마니다니 사바하

地藏大星威神力
지장대성위신력　　대성이신 지장보살 크나크신 위신력은

恒河沙劫說難盡
항하사겁설난진　　항하사겁 설하여도 다설하지 못한다네

見聞瞻禮一念間
견문첨례일념간　　잠깐사이 지장보살 생각하고 예배하면

利益人天無量事
이익인천무량사　　그어떠한 이익보다 한량없고 거룩할새

故我一心歸命頂禮
고아일심귀명정례　　제가이제 일심으로 귀명예경 하나이다

南無　南方化主　大願本尊
나무　남방화주　대원본존

남방세계 교화하는 대원본존께
지극정성 기울여서 귀의합니다

지장보살　지장보살　지장보살　지장보살
지장보살　지장보살　지장보살　지장보살
지장보살　지장보살　지장보살　지장보살
지장보살　지장보살　지장보살　지장보살
지장보살　지장보살　지장보살　지장보살
지장보살　지장보살　지장보살　지장보살
지장보살　지장보살　지장보살　지장보살
지장보살　지장보살　지장보살　지장보살
지장보살　지장보살　지장보살　지장보살
지장보살　지장보살　지장보살　지장보살
지장보살　지장보살　지장보살　지장보살
지장보살　지장보살　지장보살　지장보살
지장보살　지장보살　지장보살　지장보살
지장보살　지장보살　지장보살　지장보살

지장보살 　 지장보살 　 지장보살 　 지장보살
지장보살 　 지장보살 　 지장보살 　 지장보살
지장보살 　 지장보살 　 지장보살 　 지장보살
지장보살 　 지장보살 　 지장보살 　 지장보살
지장보살 　 지장보살 　 지장보살 　 지장보살
지장보살 　 지장보살 　 지장보살 　 지장보살
지장보살 　 지장보살 　 지장보살 　 지장보살
지장보살 　 지장보살 　 지장보살 　 지장보살
지장보살 　 지장보살 　 지장보살 　 지장보살
지장보살 　 지장보살 　 지장보살 　 지장보살
지장보살 　 지장보살 　 지장보살 　 지장보살

地藏菩薩　滅定業陀羅尼
지장보살 멸정업다라니 　 옴 바라 마니다니 사바하
옴 바라 마니다니 사바하 　 옴 바라 마니다니 사바하

地藏大星威神力
지장대성위신력

恒河沙劫說難盡
항하사겁설난진

見聞瞻禮一念間
견문첨례일념간

利益人天無量事
이익인천무량사

故我一心歸命頂禮
고아일심귀명정례

대성이신 지장보살 크나크신 위신력은

항하사겁 설하여도 다설하지 못한다네

잠깐사이 지장보살 생각하고 예배하면

그어떠한 이익보다 한량없고 거룩할새

제가이제 일심으로 귀명예경 하나이다

南無　南方化主　大願本尊
나무 남방화주 대원본존

남방세계 교화하는 대원본존께
지극정성 기울여서 귀의합니다

지장보살　지장보살　지장보살　지장보살
지장보살　지장보살　지장보살　지장보살
지장보살　지장보살　지장보살　지장보살
지장보살　지장보살　지장보살　지장보살
지장보살　지장보살　지장보살　지장보살
지장보살　지장보살　지장보살　지장보살
지장보살　지장보살　지장보살　지장보살
지장보살　지장보살　지장보살　지장보살
지장보살　지장보살　지장보살　지장보살
지장보살　지장보살　지장보살　지장보살
지장보살　지장보살　지장보살　지장보살
지장보살　지장보살　지장보살　지장보살
지장보살　지장보살　지장보살　지장보살
지장보살　지장보살　지장보살　지장보살

지장보살　지장보살　지장보살　지장보살
지장보살　지장보살　지장보살　지장보살
지장보살　지장보살　지장보살　지장보살
지장보살　지장보살　지장보살　지장보살
지장보살　지장보살　지장보살　지장보살
지장보살　지장보살　지장보살　지장보살
지장보살　지장보살　지장보살　지장보살
지장보살　지장보살　지장보살　지장보살
지장보살　지장보살　지장보살　지장보살
지장보살　지장보살　지장보살　지장보살
지장보살　지장보살　지장보살　지장보살

地藏菩薩　滅定業陀羅尼
지장보살 멸정업다라니　옴 바라 마니다니 사바하
옴 바라 마니다니 사바하　옴 바라 마니다니 사바하

地藏大星威神力
지장대성위신력　대성이신 지장보살 크나크신 위신력은

恒河沙劫說難盡
항하사겁설난진　항하사겁 설하여도 다설하지 못한다네

見聞瞻禮一念間
견문첨례일념간　잠깐사이 지장보살 생각하고 예배하면

利益人天無量事
이익인천무량사　그어떠한 이익보다 한량없고 거룩할새

故我一心歸命頂禮
고아일심귀명정례　제가이제 일심으로 귀명예경 하나이다

南無 南方化主 大願本尊
나무 남방화주 대원본존

남방세계 교화하는 대원본존께
지극정성 기울여서 귀의합니다

지장보살 지장보살 지장보살 지장보살
지장보살 지장보살 지장보살 지장보살
지장보살 지장보살 지장보살 지장보살
지장보살 지장보살 지장보살 지장보살
지장보살 지장보살 지장보살 지장보살
지장보살 지장보살 지장보살 지장보살
지장보살 지장보살 지장보살 지장보살
지장보살 지장보살 지장보살 지장보살
지장보살 지장보살 지장보살 지장보살
지장보살 지장보살 지장보살 지장보살
지장보살 지장보살 지장보살 지장보살
지장보살 지장보살 지장보살 지장보살
지장보살 지장보살 지장보살 지장보살
지장보살 지장보살 지장보살 지장보살

지장보살　지장보살　지장보살　지장보살
지장보살　지장보살　지장보살　지장보살
지장보살　지장보살　지장보살　지장보살
지장보살　지장보살　지장보살　지장보살
지장보살　지장보살　지장보살　지장보살
지장보살　지장보살　지장보살　지장보살
지장보살　지장보살　지장보살　지장보살
지장보살　지장보살　지장보살　지장보살
지장보살　지장보살　지장보살　지장보살
지장보살　지장보살　지장보살　지장보살

地藏菩薩　滅定業陀羅尼
지장보살 멸정업다라니　옴 바라 마니다니 사바하
옴 바라 마니다니 사바하　옴 바라 마니다니 사바하

地藏大星威神力
지장대성위신력　　대성이신 지장보살 크나크신 위신력은

恒河沙劫說難盡
항하사겁설난진　　항하사겁 설하여도 다설하지 못한다네

見聞瞻禮一念間
견문첨례일념간　　잠깐사이 지장보살 생각하고 예배하면

利益人天無量事
이익인천무량사　　그어떠한 이익보다 한량없고 거룩할새

故我一心歸命頂禮
고아일심귀명정례　　제가이제 일심으로 귀명예경 하나이다

· 명호사경 횟수 : 4900

南無 南方化主 大願本尊
나무 남방화주 대원본존

남방세계 교화하는 대원본존께
지극정성 기울여서 귀의합니다

지장보살	지장보살	지장보살	지장보살
지장보살	지장보살	지장보살	지장보살
지장보살	지장보살	지장보살	지장보살
지장보살	지장보살	지장보살	지장보살
지장보살	지장보살	지장보살	지장보살
지장보살	지장보살	지장보살	지장보살
지장보살	지장보살	지장보살	지장보살
지장보살	지장보살	지장보살	지장보살
지장보살	지장보살	지장보살	지장보살
지장보살	지장보살	지장보살	지장보살
지장보살	지장보살	지장보살	지장보살
지장보살	지장보살	지장보살	지장보살
지장보살	지장보살	지장보살	지장보살
지장보살	지장보살	지장보살	지장보살

지장보살　지장보살　지장보살　지장보살
지장보살　지장보살　지장보살　지장보살
지장보살　지장보살　지장보살　지장보살
지장보살　지장보살　지장보살　지장보살
지장보살　지장보살　지장보살　지장보살
지장보살　지장보살　지장보살　지장보살
지장보살　지장보살　지장보살　지장보살
지장보살　지장보살　지장보살　지장보살
지장보살　지장보살　지장보살　지장보살
지장보살　지장보살　지장보살　지장보살
지장보살　지장보살　지장보살　지장보살

地藏菩薩　滅定業陀羅尼
지장보살 멸정업다라니　옴 바라 마니다니 사바하
옴 바라 마니다니 사바하　옴 바라 마니다니 사바하

地藏大星威神力
지장대성위신력　　대성이신 지장보살 크나크신 위신력은

恒河沙劫說難盡
항하사겁설난진　　항하사겁 설하여도 다설하지 못한다네

見聞瞻禮一念間
견문첨례일념간　　잠깐사이 지장보살 생각하고 예배하면

利益人天無量事
이익인천무량사　　그어떠한 이익보다 한량없고 거룩할새

故我一心歸命頂禮
고아일심귀명정례　제가이제 일심으로 귀명예경 하나이다

107　　　　· 명호사경 횟수 : 5000

지장경 / 김현준 편역	4×6배판 208쪽 8,000원

이 책은 지장기도를 하는 분들을 위해
① 지장경을 처음부터 끝까지 1번 독송, ② '나무지장보살'을 천번 염송, ③ 지장보살예찬문을 외우며 158배, ④ '지장보살' 천번 염송의 4부로 나누어 특별히 말들었습니다. 지장경 독경 및 지장보살에 참과 염불을 할 때, 각 장 앞에 제시된 기도법에 따라 기도를 하게 되면, 지장보살의 가피 속에서 틀림없이 영가천도·업장소멸·소원성취·향상된 삶을 이룩할 수 있게 됩니다. 위 두 책의 내용은 같으며, 활자 및 책크기만 다릅니다.

지장신앙 · 지장기도법 / 김현준   신국판 190쪽 7,000원

지장신앙 속에는 영가천도뿐만 아니라 현세에서의 행복과 깨달음, 성불의 비결까지 간직되어 있습니다. 이러한 지장신앙의 여러 측면과 함께 생활 속에서 할 수 있는 지장기도법을 자세히 밝혀놓았습니다.

우리말 지장경 / 김현준 편역   국반판 196쪽 4,000원

편안한 번역으로 쉽게 이해할 수 있도록 하였으며, 기도법도 자세히 수록하였습니다.

지장보살 명호 사경

초　판　1쇄 펴낸날 2016년 6월 15일
　　　　6쇄 펴낸날 2024년 2월 15일

엮은이　김현준
펴낸이　김연수
고　문　김현준

펴낸곳　새벽숲
등록일　2009년 12월 28일 (제321-2009-000242호)
주　소　서울특별시 서초구 반포대로14길 30, 906호 (서초동, 센츄리I)
전　화　02-582-6612, 587-6612
팩　스　02-586-9078
이메일　hyorim@nate.com

값 5,000원

ⓒ 새벽숲 2016
ISBN　979-11-87459-00-2　13220

※ 표지사진:홍천 수타사 지장탱화, 본문지장도:석정스님 그림.
새벽숲은 효림출판사의 자매회사입니다(새벽숲은 曉林의 한글풀이).